L'ISLAM

Nouvelle édition

MICHEL REEBER

LES ESSENTIELS MILAN

Sommaire

Les mots suivis d'un astérisque (*) sont expliqués dans le glossaire.

L'islam de la nouvelle génération

Il n'est pas une religion qui soit tant marquée par les contrecoups de l'actualité que l'islam. Les attentats du 11 septembre 2001 perpétrés au cœur des États-Unis et ceux du 11 mars 2004 commis à Madrid ont terni l'image de l'islam. Il faudra attendre longtemps pour que l'islam sorte des ornières dans lesquelles quelques groupuscules extrémistes l'ont entraîné. Les responsables musulmans ont pris les devants. Ils ont décidé, à l'unanimité, de condamner ces actes meurtriers visant des civils. Et les mêmes responsables musulmans ne cessent pas de dénoncer l'occupation militaire des Territoires palestiniens, de l'Afghanistan et de l'Irak.

Il ne suffit plus de dire, à propos des exactions commises ici ou là : « *Ce n'est pas cela l'islam.* » L'heure n'est plus aux longues jérémiades. Il faut montrer où est l'islam authentique. Et il convient surtout de pratiquer cet islam authentique. De fait, un peu partout, nous assistons à un intense travail de reconstruction de l'identité musulmane.

Las cadres religieux de l'islam de la nouvelle génération s'emploient à ne plus se laisser prendre aux pièges de l'actualité. Ils savent que l'islam est la religion de la dévotion sincère, de l'intériorité fervente et de l'intégrité morale. Ils ont conscience que la religion musulmane, pratiquée par 1,2 milliard de fidèles, a un rôle majeur à jouer dans le développement spirituel et religieux de l'humanité. À condition, osent-ils dire, que s'établisse un dialogue fraternel et sincère entre les cultures, les courants de pensée et les religions.

Définir l'islam

Islam ou islam ?

Avec « I » majuscule, l'Islam désigne l'ensemble des pays et des peuples dont l'islam est la religion, ou bien la civilisation inspirée par la religion musulmane ; on écrit ce mot avec « i » minuscule quand le mot désigne la religion musulmane en tant que tradition religieuse.

L'islam est, de façon inséparable, à la fois religion, culte, tradition, règle de vie et projet communautaire. En plus des éléments proprement religieux qu'il véhicule, l'islam représente un mode de vie et une culture.

L'adhésion à la prédication muhammadienne

La religion musulmane se définit comme une institution religieuse et un lien communautaire fondés sur une double référence religieuse : les normes révélées dans le Coran et les pratiques religieuses instaurées par le prophète Muhammad au cours de sa prédication (610-632 apr. J.-C.).

Une institution religieuse

La religion musulmane reconnaît une seule Loi divine révélée, la *sharî'a**. Cette *sharî'a* couvre trois domaines :
– le domaine religieux proprement dit (*dîn**), qui englobe tout ce qui a trait à l'obéissance à Dieu ;
– le domaine social, qui concerne le lien communautaire (*milla*), inspiré de l'expérience religieuse de Muhammad et de tous les Envoyés de Dieu ;

> *« On a l'habitude de traduire le mot "islam" en français par soumission, soumission à Dieu, ou même résignation, qui est très impropre. Le croyant n'est pas résigné devant Dieu, il a un élan d'amour vers Dieu, un mouvement d'adhésion à ce que Dieu lui propose, parce que Dieu, par la révélation*, élève l'homme à lui. Cette élévation suscite chez l'homme un sentiment de reconnaissance vis-à-vis d'un Créateur qui a comblé la créature de bienfaits. Il y a donc une relation d'obéissance, amoureuse et reconnaissante, qui s'établit entre le Créateur et la créature. »*
> (Mohammed Arkoun, *Ouvertures sur l'islam*, Paris, Jacques Grancher, 1989, p. 28)

Islam ou islamisme ?

L'islam désigne les modes de croire ou d'agir de la religion musulmane dans leur universalité. L'islamisme représente une vision idéologique de cette religion, vision comprise comme contestation d'un pouvoir, d'un régime ou d'une société particulière.

– une dimension normative, qui touche à l'observance des rites* élaborés par l'une des grandes traditions canoniques* (*madhhab**, *voir* pp. 16-17), à laquelle le musulman a choisi de se référer. Tôt ou tard, celui-ci doit se déterminer de façon stable pour l'une ou l'autre de ces quatre traditions.

« L'islam, dans son essence, dépasse le domaine de la définition du mot "religion". En effet, il ne s'agit pas simplement ici d'une codification des règles qui "lient" l'être humain au Créateur ; bien plutôt, l'islam investit le champ social et l'influence de façon conséquente. »
(Tariq Ramadan, *Les Musulmans dans la laïcité*, Tawhid)

Trois démarches conjointes

La religion musulmane se caractérise par l'articulation qu'elle opère entre trois démarches, étroitement liées entre elles :
– *al-imân**, c'est-à-dire la foi en tant qu'elle est adhésion sincère du cœur et confiance absolue en Dieu. *Imân* est un mot formé sur la racine sémitique *a-m-n*, que l'on retrouve dans « amen » ;
– *al-islâm**, c'est-à-dire l'abandon intégral et confiant de toute la personne à Dieu. Le mot « soumission » ne traduit qu'imparfaitement le terme *islâm*. *Islâm* est formé sur la même racine arabe que *salâm** (« paix »), et que *muslîm*, transcrit en français sous la forme « musulman » ;
– *al-ihsân**, c'est-à-dire la recherche inlassable de la perfection dans le comportement et les attitudes.

Expressions désuètes

La littérature française du XVIIe siècle a introduit l'expression « mahométisme » pour désigner la religion musulmane, dont les adeptes sont nommés « mahométans ». Ces dénominations ont vieilli. De plus, elles sont fautives, puisqu'elles laissent entendre que l'islam proviendrait du charisme personnel de Muhammad.

L'islam se définit comme une institution religieuse qui englobe et régit, par ses dogmes, ses rites et ses normes, tous les domaines de l'existence individuelle et communautaire. L'islam est inséparablement *dîn* (« religion »), *dawla* (« mode et système de gouvernement ») et *dunyâ* (« vie quotidienne de chaque instant dans le monde d'ici-bas »).

Le nom musulman

Un nom musulman comprend jusqu'à six éléments :
- le prénom ;
- le nom de paternité précédé de *Abû* (père de) ou de *Umm* (mère de) ;
- le nom de filiation introduit par *Ibn* (fils de) ou *Bint* (fille de) ;
- le nom du lieu ou du groupe d'origine ;
- le surnom ;
- le rite religieux d'origine.

Le nom complet de Muhammad est Abû I-Qâsim Muhammad Ibn 'Abd-Allâh Ibn 'Abd al-Muttalib al-Hâshimi.

Muhammad

Du point de vue de l'islam, le prophétisme a atteint son point culminant avec Muhammad. Il est à la fois *nabî (« prophète » envoyé à un peuple) et l'ultime *rasûl** (« messager », détenteur d'un message universel et d'une nouvelle loi religieuse).**

La révélation des versets coraniques

Muhammad serait né à La Mecque le 1er septembre 570. Il est issu de la tribu de Quraysh, qui contrôle La Mecque dans la péninsule arabique. Dès son plus jeune âge, il manifeste beaucoup de dispositions pour la religion.

Parvenu à l'âge de 40 ans, Muhammad reçoit les premières révélations*, adressées par l'ange Gabriel, dans la nuit du 26 au 27 du mois de *ramadhân** (9e mois de l'année lunaire) de l'an 610, dans la grotte de Hirâ', près de La Mecque.

De la prédication à La Mecque à l'hégire à Médine

Muhammad entame sa prédication à La Mecque. Il appelle à l'islam sa famille, ses proches et les étrangers de passage. Une communauté fervente se forme autour des premiers convertis. Mais les chefs de clans de la tribu de Quraysh déclenchent un mouvement de persécution contre eux.

Muhammad et ses compagnons décident de rejoindre Médine le 16 juillet 622. Cette période d'émigration (*hijra**, d'où « hégire ») est consacrée à transmettre les nouvelles révélations, à organiser la communauté et à conduire les expéditions militaires. C'est en effet le début des conflits entre

> *« Le prophète s'appliquait à traiter tout le monde d'une façon égale, et considérait tous les hommes comme des frères les uns des autres. Il appliquait les lois et les peines prescrites par Allah à tout le monde, sans discrimination ni exception : le pauvre comme le riche, le Noir comme le Blanc, l'homme comme la femme, le fort comme le faible étaient traités à égalité. »*
> (Mohammed Hossayn Tabâtabâi, *Universalité de l'islam*, séminaire islamique)

Une Caravane vers Biskra de Paul John B. Lazerges (1892).

premiers musulmans et opposants juifs et chrétiens. Muhammad meurt le 8 juin 632. La prédication islamique est alors parvenue aux confins de la péninsule arabique.

« Celui qui est loué »

Muhammad signifie « celui qui est loué ». Muhammad est surnommé le Bien-Aimé, l'Intercesseur, l'Annonciateur de la Bonne Nouvelle, l'Ami. L'islam lui reconnaît quatre qualités : la sincérité, la fidélité, la capacité de transmettre un message divin, la perspicacité. La 47e sourate* du Coran porte son nom. L'ancienne forme francisée du nom du Prophète, apparue au XVIIe siècle, était Mahomet. De nos jours, on trouve la forme Mohammad.

Épouses et descendance de Muhammad

Tant qu'il vit à La Mecque, Muhammad est monogame. À la mort de Khadîja, il épouse Sawda. Arrivé à Médine, il contracte successivement mariage avec 'Âisha, Hafsa, Zaynab Bint Khuzayma, Umm Salama, Zaynab Bint Jahsh, Juwayriya, Umm Habîba, Safiya et Maymûna.
Muhammad a quatre fils, tous décédés en bas âge : Qâsim, Tayyib, Tâhir et Ibrahîm. Ses filles sont nées de Khadîja : Zaynab, Ruqaya, Umm Kulthûm et Fâtima. Ses descendants portent le nom de *sayyid* (« seigneur »), de *sharîf* (« noble ») ou de *habîb* (« bien-aimé »). Tous trois sont des titres de noblesse.

Un prophète entouré d'une grande vénération

Dans l'islam, Muhammad porte le titre de *Sayyidunâ* (« Notre Seigneur »). Quand ils le nomment, les musulmans ajoutent *sallâ Allâhu 'alayhi wa sallama* (« Que Dieu prie pour lui et lui accorde le salut »).

Au regard de la foi musulmane, Muhammad est l'Envoyé de Dieu et le dernier dans la lignée des prophètes. Dieu l'a chargé de transmettre le Message coranique à l'humanité entière.

La première génération de musulmans

Après la mort de Muhammad, en 632 apr. J.-C., la communauté musulmane s'étend, en un peu plus d'un siècle, de Samarqand en Ouzbékistan à l'Andalousie. L'arrivée de l'islam dans de nouveaux espaces culturels amène de nombreux débats.

Élan missionnaire et unification de la communauté

Dès ses débuts, l'élan missionnaire de l'islam connaît une intensité insoupçonnée. Cependant, à chacune des étapes de l'extension de la prédication islamique, appelées *futûhât* (« ouvertures d'une région à l'islam »), les musulmans doivent s'adapter à de nouveaux contextes politiques, culturels et religieux. Il devient urgent de tracer le cadre de l'unification de la communauté musulmane.

Les principaux défis

La communauté musulmane naissante ne peut échapper aux crises inhérentes à tout groupe religieux en quête de son identité. Les plus grandes difficultés proviennent :

– des clivages entre émigrés de La Mecque (*muhâjirûn*) et convertis originaires de Médine (*ansâr*) ;

– des questions liées à l'intégration de nouveaux convertis originaires de l'empire persan ou d'autres espaces culturels ;

– des antagonismes entre les compagnons fidèles et quelques groupes d'apostats (musulmans qui ont renié l'islam) ;

– des débats doctrinaux soulevés par la recension officielle du Coran (*voir* pp. 10-11), la consignation des enseignements du Prophète, la codification de la loi islamique (*sharî'a**), la fixation des pratiques culturelles et la définition dogmatique* des croyances ;

– des divergences d'opinion sur les modalités de désignation des chefs politiques et religieux de la communauté.

« Le Prophète a dit : "*Les meilleurs sont ceux de ma génération, puis ceux de la suivante.*" *Et il répéta la dernière phrase deux ou trois fois, avant de conclure :* "*Ensuite, la fausseté se répandra.*" *Il tenait donc la vertu, c'est-à-dire l'intégrité, pour une qualité propre aux deux premières générations. On doit se garder de critiquer, en pensée ou en paroles, les premiers musulmans.* » (Ibn Khaldûn (m. en 1406), *Muqaddima*, trad. V. Monteil, p. 432)

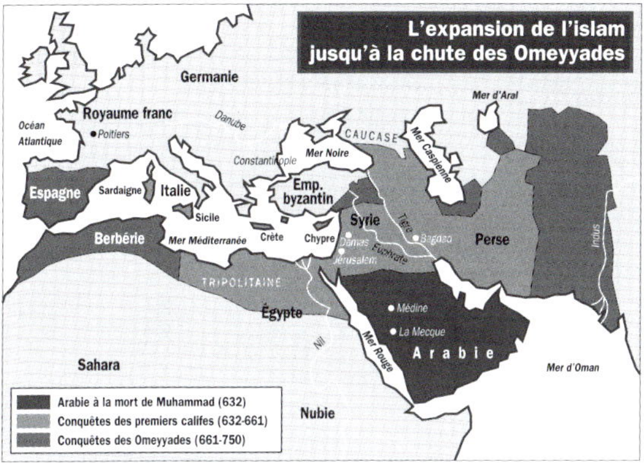

La tâche ardue assignée aux quatre premiers califes

Il revient aux successeurs de Muhammad, placés à la tête de la communauté musulmane, de trouver les moyens de canaliser les énergies par trop dispersées. Les quatre premiers d'entre eux se voient attribuer le titre de *khulafâ' ar-râshidûn* (« califes bien dirigés »), c'est-à-dire de représentants (*khalîfa**) qualifiés du Prophète. Ainsi se succèdent :

– Abû Bakr as-Siddîq (m. en 634), premier calife ;
– 'Umar Ibn al-Khattâb (m. en 644), deuxième calife ;
– 'Uthmân Ibn 'Affân (m. en 656), troisième calife ;
– 'Alî Abî Tâlib (m. en 661), quatrième calife.

La grande *fitna*

La situation se dégrade considérablement lorsque survient un conflit majeur en 656-657. Les partisans d'Alî s'opposent violemment aux groupes dévoués à 'Âisha, la veuve de Muhammad. Ils s'affrontent au cours de deux batailles, près de Bassora puis à Siffin, en Mésopotamie. Aucune conciliation n'étant possible, la rupture est inévitable. À la suite de cette grande *fitna* (« division interne »), la communauté se scinde en trois branches : les sunnites, les chiites et les khârijites.

Après la mort de Muhammad, en 632, la communauté musulmane, entraînée par son élan missionnaire, veut s'étendre au-delà de la péninsule arabique. Confrontée à de multiples tensions, elle cherche à définir les modalités de son unification politique et doctrinale.

Le Coran

La foi, les pratiques cultuelles, les attitudes morales et le comportement social du musulman sont façonnés par un livre sacré, le Coran.

Manière de citer Le Coran

Dans l'ordre, on cite :
– le numéro de la sourate ;
– le nom de la sourate avec éventuellement sa traduction ;
– le numéro du verset.
Ainsi, pour le verset *« Dieu a promis à ceux qui croient et qui font le bien un pardon et une récompense sans limite »*, on indique : sourate 5, *al-Mâ'ida* (la Table servie), 9.

Les modalités de la révélation coranique

Selon la conception musulmane de la révélation*, le Coran (de *al-Qur'ân**, « la récitation ») représente la Parole de Dieu destinée à l'humanité entière. Fidèlement transmise par l'ange Gabriel au prophète Muhammad, dernier des Envoyés divins, elle est consignée dans un Livre sacré dont la forme littéraire arabe est inimitable et insurpassable.

L'ange Gabriel transmet par intermittence chacun des versets coraniques au prophète Muhammad, sur une période allant de 610 à 632. Dès qu'il reçoit la révélation de versets, Muhammad les dicte à ses scribes ainsi qu'à des groupes de mémorisateurs (chargés de mémoriser le Coran de façon orale). Il en vérifie régulièrement la conformité, sous la férule de l'ange Gabriel.

À la mort de Muhammad, en 632, les différentes versions du Coran rassemblées par les scribes et les mémorisateurs sont confrontées. Après élimination des versions jugées non fiables, on parvient, à la demande expresse du calife 'Uthmân (m. en 656), à privilégier la version conservée par Zayd Ibn Thâbit (m. en 665), le plus jeune des secrétaires de Muhammad. Les autres versions sont brûlées.

L'édition du roi Fu'âd

Le système de lecture le plus répandu à notre époque est celui d''Asim (l'un des spécialistes de la lecture du Coran, m. en 744). Il a été transmis par Hafs (lecteur érudit m. en 805). L'édition imprimée dite « du roi Fu'âd », dont la diffusion commence le 10 juillet 1924, a permis d'en généraliser l'emploi sauf au Maghreb, resté fidèle au système de lecture transmis par Warsh (autre lecteur, m. en 812).

Sept systèmes de lecture

Des divergences subsistent dans la lecture du Coran, liées à l'existence de variantes orthographiques et grammaticales. Les autorités musulmanes finissent alors par admettre comme canoniques*, c'est-à-dire comme conformes aux normes religieuses de la foi musulmane, sept systèmes de lecture du Coran. Ils sont mis au point par des érudits du VIIIe et du IXe siècle. C'est une façon de résoudre les débats suscités par les variantes de la langue arabe coranique.

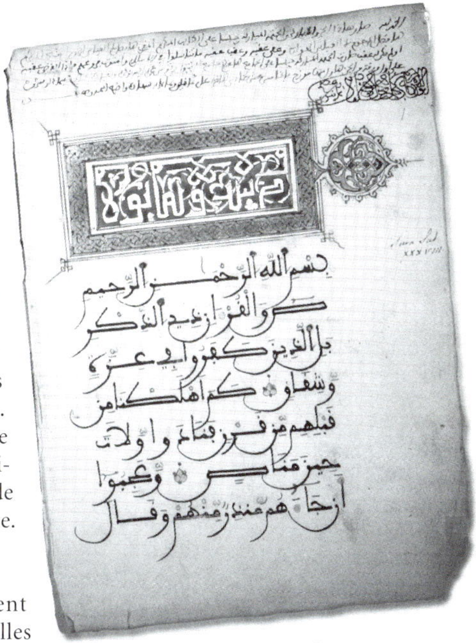

Ci-dessus : une page du Coran.

Structure littéraire

Le Coran contient cent quatorze unités textuelles appelées sourates*, classées selon l'ordre décroissant de leur étendue. Pour des raisons pratiques, le texte coranique a été redécoupé en trente sections d'égale longueur appelées *juz'*.
Les versets (*âyât** signifie « versets », « signes ») sont les plus petites unités textuelles des sourates. L'édition du Coran dite « du roi Fu'âd » (*voir* encadré) en contient 6 236. Chaque verset est considéré comme une unité de révélation.

Un livre sacré

Le Coran est le livre de référence de la foi musulmane et le guide de la prière des musulmans. La manière de proclamer ou de transcrire le texte coranique est régie par des normes très strictes. Le Coran doit être :
– lu et écrit en langue arabe ;
– récité sur le mode de la psalmodie ;
– transcrit en écriture calligraphique.

Le Coran, première source de l'islam, a un statut de Livre révélé. Sa forme et son contenu ont été codifiés de façon rigoureuse. Transmis et consigné en arabe, le Livre sacré des musulmans est l'objet d'une grande vénération.

Les thèmes coraniques

Les thèmes abordés par le Coran ne sont pas ordonnés à la manière d'un traité religieux. Ils sont développés sous la forme d'un récit entrecoupé d'exhortations.

Thèmes majeurs du Coran

Le contenu de l'enseignement coranique s'articule autour de trois grands thèmes :
– le Dieu unique se manifeste par des signes explicites ;
– il trace une voie aux hommes en promulguant une loi religieuse ;
– il rétribuera les hommes selon leurs actes, en toute justice et miséricorde.

Progression thématique des révélations

Le contenu des sourates* du Coran évolue en fonction de la période de leur révélation*. Les sourates révélées à La Mecque, entre 610 et 622, mettent l'accent sur les questions doctrinales et morales. Les sourates révélées à Médine, de 622 à 632, contiennent les prescriptions relatives aux rites*, à l'organisation et à la vie de la communauté islamique.

Groupes et catégories de personnes

Chaque sourate évoque le statut et le devenir des différents peuples, groupes ou catégories de personnes. Plusieurs d'entre eux sont cités nommément, comme les Gens du Livre*, expression qui désigne les juifs, les chrétiens et les sabéens (un peuple d'Arabie). L'islam les considère comme détenteurs d'un livre révélé. Le Coran fait également allusion au sort des personnes en fonction de leur soumission à la volonté divine. Les uns hériteront du jardin paradisiaque, tandis que les égarés connaîtront la fournaise de l'enfer.

« On constate, dans le Coran, une corrélation entre les nombreux versets qui éclairent l'homme sur lui-même, sur ses aptitudes ainsi que sur ses fonctions et responsabilités, et les nombreux autres versets qui l'éclairent sur la durée de sa vie terrestre et sur la valeur de celle-ci par rapport aux événements qui vont suivre la mort. »
(Cheikh al-Bouty, *Vers la civilisation humaine à la lumière du Coran*, Dar el-Fikr)

Sourates mecquoises et sourates médinoises

Révélées entre 610 et 622, les sourates mecquoises sont brèves et les versets sont concis. Elles débutent souvent par des serments et font grand usage des formes poétiques. Elles reflètent les débuts de la prédication islamique. Il y est question des fondements de la foi musulmane et des principales normes religieuses. On y trouve aussi des récits tirés de la vie des prophètes. Les sourates révélées à Médine entre 622 et 632 sont plus longues. On y trouve des dialogues échangés entre Dieu et le prophète Muhammad, des hymnes, des prédications, des codes religieux, des règles sociales. Le ton est résolument incitatif, avec des rappels du genre « *Obéissez à Dieu et à son Envoyé* ». Les sourates révélées à Médine traitent principalement de l'organisation de la vie religieuse, sociale et juridique de la communauté islamique. Dieu est présenté comme un Dieu à la fois proche de ses serviteurs et prêt à châtier les impies.

Les quatre dénominations du Coran

- *al-qur'ân** (« proclamation récitée », d'où Coran) ;
- *al-furqân* (« discernement du vrai et du faux ») ;
- *al-kitâb** (« le livre écrit ») ;
- *adh-dhikr* (« mémorial de l'invocation »).

La Bible et le Coran

Entre le Coran et la Bible, il existe de nombreuses convergences doctrinales et littéraires. Ainsi le Coran, comme la Bible, fait alterner des récits, des hymnes, des paraboles, des exhortations, des prescriptions et des confessions de foi.

Les divergences majeures concernent les modalités de la révélation, la conception du salut, ainsi que le nombre, la fonction et la mission des prophètes.

Vingt-cinq personnages cités dans le Coran ont le rang de prophètes. Vingt et un ont comme équivalent biblique Adam, Énoch, Noé, Abraham, Loth, Ismaël, Isaac, Jacob, Joseph, Job, Ézéchiel, Moïse, Aaron, David, Salomon, Élie, Élisée, Jonas, Zacharie, Jean-Baptiste et Jésus ; quatre sont propres au Coran : Hûd, Sâlîh, Shu'ayb et Muhammad. Marie (Maryam) et Jésus ('Îsâ) occupent un rang privilégié. Marie est reconnue comme la mère de Jésus. Quant à Jésus, il est perçu comme le plus grand des prophètes avant Muhammad. Il existe cependant un écart majeur entre les conceptions chrétienne et musulmane de la mission de Jésus. Les chrétiens croient en la résurrection de Jésus et reconnaissent en lui le fils de Dieu.

Le Coran est avant tout un enseignement sur le monothéisme, c'est-à-dire la foi au Dieu unique. Il privilégie trois domaines : le récit des manifestations divines, l'observance de la Loi divine et l'annonce du jugement à la fin des temps.

Le Hadîth

Le Hadîth incarne, après le Coran, la seconde source de l'islam. Il regroupe les récits, les enseignements et les pratiques religieuses attribués à Muhammad.

Définition du Hadîth

Le Hadîth* (de l'arabe *hadîth*, « récit », « tradition ») représente tout ce que la tradition a relaté au sujet de Muhammad : ses propos, ses actes, ses approbations tacites à l'égard d'une pratique ou d'un usage, les qualités et les traits qu'on lui reconnaît, sa manière de vivre.

Les trois catégories de traditions

Dans la théologie musulmane, le Hadîth contient trois groupes de traditions, ou *sunnas** :
– la *sunna qawliya*, qui est la tradition relative aux paroles du prophète Muhammad : ses enseignements, ses exhortations, ses catéchèses, ses conversations, ses réflexions, ses discours ;
– la *sunna fi'liya*, qui est la tradition relative aux faits et gestes du prophète Muhammad : la manière dont il pratiquait les rites* islamiques, dont il organisait sa vie personnelle, dont il exerçait la justice, etc. ;
– la *sunna taqrîriya*, qui est la tradition relative aux actes et aux propos des Compagnons du Prophète Muhammad, accomplis de son vivant et en sa présence, et qu'il a approuvés ou bien qu'il n'a pas explicitement désapprouvés.

Hadîth et *hadîths*

Hadîth, écrit avec « H » majuscule, désigne l'ensemble des récits relatifs à Muhammad. Quand on parle de l'un ou de plusieurs de ces récits, on orthographie *hadîth* avec « h » minuscule.

Différence et complémentarité entre Coran et Hadîth

Les versets coraniques sont révélés (descendus du ciel) et rapportent des paroles provenant de Dieu. *Les hadîths* rapportent des actes inspirés par Dieu, mais attribués à Muhammad et non pas à Dieu. La seule exception concerne le *hadîth qudsî* (ou « saint »), qui comporte des propos divins.
Il existe une complémentarité entre le Coran et le Hadîth. Les hadîths spécifient et précisent

> ***Hadîth qudsî* (« saint »)**
> **sur la miséricorde de Dieu**
> ***« Le Messager de Dieu a dit :***
> ***"Lorsque Dieu entreprit***
> ***de décréter la création,***
> ***il fit ce serment qu'il consigna***
> ***dans le Livre qu'il garde***
> ***auprès de lui :***
> ***Ma Miséricorde prévaut***
> ***sur ma colère." »***

l'étendue du champ d'application des normes coraniques soit en la restreignant, soit en l'élargissant.

Hadîth et *sunna*

Dans la tradition musulmane, la *sunna* (de l'arabe *sunna*, « règle de conduite ») désigne tantôt les propos et les pratiques du prophète Muhammad, tantôt les règles de conduite déduites des pratiques qu'il a inaugurées.
Le Hadîth s'attache à la consignation des traditions relatives à Muhammad, tandis que la *sunna* s'intéresse à définir la qualification juridique de ces mêmes traditions (*voir* pp. 18-19).

Les sciences du Hadîth

Les sciences du Hadîth ont été élaborées par des collecteurs de traditions (« traditionnistes »). Elles s'efforcent de prouver la fiabilité des hadîths en fonction de l'intégrité des transmetteurs. Elles s'appliquent à faire la distinction entre des hadîths dont la fiabilité est absolument incontestable et des *hadîths* dont l'authenticité est douteuse.

Les compilations officielles du Hadîth

Les sunnites (*voir* p. 44-45) se réfèrent à six recueils canoniques* compilés par des auteurs du IXe siècle : Bukhârî, Muslim, Abû Dawûd, Tirmidhî, Nisâ'î et Ibn Mâja. Le recueil de Bukhârî contient 7 397 hadîths. Bien que non canoniques, les compilations de Mâlik Ibn Anas et d'Ibn Hanbal jouissent d'une grande notoriété.
Les quatre recueils de hadîths en usage chez les chiites sont appelés *akhbâr* (« informations »). Ils sont l'œuvre d'al-Kulaynî, de Bâbawayhi et d'at-Tûsî. Les khârijites (*voir* pp. 8-9) se réfèrent au recueil d'ar-Rabî' Ibn Habîb.

Structure d'un *hadîth*

Chaque *hadîth* comporte trois éléments :
– une chaîne de transmetteurs : des disciples qui se sont portés garants de la transmission du récit ;
– le corps du récit rapporté ;
– la mention des rapporteurs : des savants qui ont rapporté le *hadîth*.

En plus du Coran, les musulmans adoptent comme guide de leur conduite des recueils de récits où sont consignées les traditions relatives à Muhammad : ses propos, ses actes.

L'élaboration du droit islamique

Les lois religieuses islamiques déduites du Coran et de la *sunna* forment un corpus juridique intangible. Néanmoins, les modalités de leur application peuvent comporter des adaptations.

Codifier des principes juridiques

214 versets coraniques sur 6 236 contiennent des lois religieuses. Ne pouvant à eux seuls constituer une législation ordonnancée, il a fallu procéder à la codification des principes juridiques de l'islam :
– en fixant les règles d'interprétation des normes coraniques ;
– en élevant le Hadîth* (*voir* pp. 14-15) au rang de seconde source de la Loi religieuse ;
– en introduisant, en plus du Coran et du Hadîth, deux sources complémentaires, à savoir le recours à l'avis unanime (*ijmâ'**) de la communauté des savants de l'islam, et la possibilité de faire appel au raisonnement par analogie (*qijâs**).

Cinq traditions d'interprétation

Afin de maintenir un pluralisme d'interprétation des sources du droit islamique, quatre traditions (*madhhab**, « méthode »), appelées communément écoles juridiques, voient le jour dans le sunnisme de 767 à 855 (*voir* pp. 44-45) : le hanafisme, le mâlikisme, le shâfi'isme et le hanbalisme. Une cinquième tradition est représentée par la doctrine chiite.

Cinq branches

Le droit religieux islamique est divisé en cinq sections :
– la définition dogmatique* des croyances (*'aqîda*) ;
– les convenances et les usages (*âdâb*) ;
– les principes éthiques (*akhlâq*) ;
– les pratiques cultuelles (*'ibâdât*) ;
– les règles sociales (*mu'âmalât*).

L'islam et les droits de l'homme

Le 19 septembre 1981, à l'initiative du Conseil islamique de l'Europe (fondé en 1965 à Londres), est solennellement proclamée à Paris, au Palais de l'UNESCO, une Déclaration islamique universelle des droits de l'homme (DIUDH). Cette charte ne prévoit pas la liberté de changer de religion.

La *sharî'a*

Dans l'esprit initial de l'islam, la *sharî'a* (« itinéraire ») désigne à la fois la Loi divine révélée et la voie religieuse qui en découle.
Dans la terminologie contemporaine, le terme *sharî'a* est utilisé pour désigner le corpus des règles religieuses.

Hadîth, sunna, sharî'a et *fiqh*

Le *hadîth* s'attache à la consignation des traditions relatives à Muhammad, tandis que la *sunna** s'intéresse à définir la qualification juridique de ces mêmes traditions.

La *sharî'a** désigne la « voie » (tel est le sens de l'arabe « *sharî'a* ») à suivre pour respecter les normes divines en islam. Cette *sharî'a* n'est pas un code pénal, mais la législation religieuse islamique considérée dans sa fonction normative canonique* et son fondement révélé, donc d'origine divine.

Le *fiqh**, pour sa part, contient l'ensemble des jurisprudences islamiques qui, à la lumière du Coran et de la *sunna*, ont pensé la législation islamique dans les différents contextes de chaque époque et selon les principes des écoles de jurisprudence sunnites ou chiites.

Les écoles juridiques

– Le hanafisme, la doctrine la plus libérale, est implanté en Turquie et dans les anciennes provinces de l'Empire ottoman ;
– le mâlikisme, plus rigoriste, dans les pays du Maghreb ;
– le shâf'isme, moins strict que le mâlikisme, en Égypte, en Syrie, en Irak et en Afrique ;
– le hanbalisme, la doctrine la plus rigoriste, en Arabie.

Méthodes d'interprétation

Le *fiqh* représente la méthodologie d'interprétation du droit islamique. Lorsqu'ils font appel au jugement personnel, les *fuqahâ'* (jurisconsultes) pratiquent l'*ijtihâd** (« effort d'interprétation »). Les écoles juridiques les plus radicales estiment que les « portes » de l'*ijtihâd* sont définitivement closes avec la mort du dernier disciple des fondateurs d'écoles juridiques (961). Les *muftîs**, nommés par les autorités religieuses d'un pays, sont chargés de délivrer les *fatwas**, qui sont les réponses données à une consultation sur un point du droit religieux. Le *qâdî** est, à l'échelon local, le juge. La conclusion des actes juridiques requiert la présence d'un notaire (*'adl*) et de témoins.

La codification du droit islamique s'est échelonnée sur trois siècles. L'existence d'écoles juridiques distinctes reflète le pluralisme en matière d'interprétation des critères d'application des normes islamiques.

Obligations et interdits

Les prescriptions islamiques ont été codifiées sous forme d'interdits et d'obligations. Afin d'éviter l'écueil du légalisme, l'islam affirme que l'intention prime les actes au-delà des contingences matérielles.

« L'islam ne perd pas de vue les nécessités de la vie et la faiblesse de l'homme devant les nécessités [...]. Il permit ainsi au musulman, en cas de nécessité pressante, de manger, parmi les choses interdites, ce qui calme son besoin et le sauve de la mort. » (Youssef Qaradhâwi, *Le Licite et l'illicite en islam*, Al Qalam)

L'islam, religion à observances

L'islam est une religion à observances*. La vie du musulman est jalonnée de règles et de normes. Plus le musulman intègre les éléments de la pratique religieuse, plus il s'approche du modèle religieux de la vie islamique, il devient un « observant ». L'homme religieux, l'homme observant vit dans un climat islamique. Ce climat est tel que toutes les attitudes, toutes les activités, toutes les pensées de la vie quotidienne sont rythmées par un questionnement : suis-je dans la moralité islamique, suis-je dans la « légalité » islamique ? Qualifier l'islam de religion à observances ne signifie nullement que l'islam se désagrège dans le juridisme, le formalisme ou le légalisme*.

Classification juridique des actes

Pour permettre aux croyants de s'orienter sans trop d'hésitations, les docteurs de l'islam ont tiré des critères du Coran et de la *sunna**, aux VIIIe et IXe siècles, en vue de classer les actes humains en catégories juridiques selon qu'ils sont :
– obligatoires ou interdits ;
– recommandés ou déconseillés ;
– licites (*halâl**) ou illicites (*harâm**).

Hiérarchie des obligations et obligations majeures

L'islam connaît trois degrés d'obligation dans la législation religieuse :
– un degré contraignant, appelé *fard**, concernant les normes révélées, c'est-à-dire contenues dans le Coran ;

– un degré moins contraignant, appelé *sunna**, correspondant aux normes inspirées, c'est-à-dire tirées de la *sunna* (*voir* pp. 14-15) ;
– un degré facultatif, comprenant toutes les pratiques surérogatoires*. Les obligations dites *fard* comprennent d'une part les cinq piliers de l'islam, à savoir la double attestation de foi en l'unicité de Dieu et en la mission prophétique de Muhammad (*shahâdatan*), l'accomplissement de l'office des cinq prières quotidiennes (*salât**), l'acquittement de l'aumône canonique* (*zakât**), le jeûne du mois de *ramadhân* (*siyâm*), le pèlerinage à la Ka'ba* (*hajj**) et, d'autre part, les règles de pureté rituelle, les pratiques liées à l'établissement de la justice, de la solidarité et de la paix.

Champ des interdits et interdits majeurs

La législation islamique a défini des limites qui ne peuvent être transgressées. Ce sont les interdits. Ils couvrent notamment le domaine des croyances, des relations sociales et commerciales, de la morale sexuelle, de la pudeur, de la vie domestique, de la magie et de la sorcellerie, des liens avec les non-musulmans, de la nourriture. L'islam comporte des interdits majeurs. Ils correspondent aux péchés appelés *kabâ'ir* (« grands »). Tous les docteurs de l'islam s'accordent à dire que le péché le plus grave est le *shirk**, c'est-à-dire le fait d'associer une divinité à Dieu (pratique du polythéisme). Viennent ensuite le meurtre, l'adultère, le vol et l'injustice.

Peines et sanctions

Certains désordres graves sont réprimés par une peine (*hadd*, pluriel *hudûd*). Suivant l'importance des fautes sanctionnées, les peines peuvent consister en un blâme, une mise en quarantaine, une flagellation, une amputation, une lapidation ou l'application de la peine capitale. La peine de mort est notamment prescrite dans le cas de l'apostasie*, de l'adultère, du blasphème à l'égard de Dieu ou du Prophète. Entre la prescription et son application, il y a un écart considérable.

Pays musulman où est prévue l'application des peines légales islamiques :

- Afghanistan
- Arabie Saoudite
- Bahreïn
- Égypte
- Émirats arabes unis
- Iran
- Koweït
- Libye
- Mauritanie
- Oman
- Pakistan
- Qatar
- Soudan
- Yémen

L'islam est une religion à observances. Les docteurs de l'islam ont élaboré une codification des actes humains afin de permettre une identification aisée des obligations et des interdits majeurs.

Le calendrier islamique

Toutes les dates du calendrier islamique sont déterminées à partir de l'observation du cycle lunaire. Aussi, d'année en année, on observe un décalage « à rebours » des fêtes musulmanes.

L'ère hégirienne

Le calendrier hégirien est le calendrier officiel du monde islamique. Sur décision du calife 'Umar (m. en 644), il a été convenu que l'ère musulmane débuterait le 16 juillet 622, date présumée du début de l'hégire (de l'arabe *hijra**, « émigration ») de Muhammad vers Médine (*voir* pp. 6-7). Cette date correspond au vendredi 1er *muharram.*

Les mois lunaires islamiques

Le calendrier islamique est fondé sur un cycle de 12 mois lunaires. Il fait alterner des mois de 29 ou 30 jours, pour former une année de 354 ou 355 jours. Tous les 32 ans et demi, le calendrier revient à la même date solaire (celle du calendrier solaire qu'utilisaient les Romains ou qu'utilisent les sociétés occidentales aujourd'hui). Le décalage des dates se fait à rebours. Les mois islamiques sont désignés par leur nom arabe dans l'ordre suivant : 1er mois : *muharram* ; 2e : *safar* ; 3e : *rabî' l-awwal* ; 4e : *rabî th-thânî* ; 5e : *jumâdâ l-ûlâ*, 6e : *jumâdâ th-thâniya* ; 7e : *rajab* ; 8e : *sha'ban* ; 9e : *ramadhân** ; 10e : *shawwâl* ; 11e : *dhû l-qa'da* ; 12e : *dhû l-hijja.*

« C'est lui* [Dieu] *qui a fait du soleil une clarté et de la lune, une lumière. Il en a déterminé les phases afin que vous connaissiez le nombre des années et le calcul du temps. »
(Sourate* 10, 5)

La semaine musulmane

Jour chômé dans de nombreux pays islamiques, le vendredi (*yawm al-jum'a*, « le jour de l'assemblée ») est un jour important pour les musulmans. La communauté se rassemble à la grande mosquée (*jâmi'*) pour célébrer l'office solennel du milieu du jour (*zuhr*), durant lequel cesse toute activité professionnelle et commerciale. Les jours de la semaine portent des noms arabes. Dimanche s'appelle *yawm al-ahad* (« le premier jour »).

Les principales fêtes

Les sunnites et les chiites (*voir* pp. 44-45) ont en commun deux grandes fêtes solennelles, la fête de la rupture du jeûne (*'îd al-fitr**) et la fête du Sacrifice (*'îd al-adhâ*), appelée aussi *'îd al-kabîr*. Les autres fêtes sont de simples commémorations, moins solennelles. Le calendrier des fêtes et des commémorations s'établit comme suit :

– 1er *muharram* : jour de l'an ;
– 10 *muharram* : jeûne de *'âshûrâ'* (10e jour) ;
– 12 *rabî' al-awwal* : fête de la Nativité du prophète Muhammad, *mawlid* an-Nabî* (francisé en « mouloud ») ;
– 27 *rajab* : fête commémorative de l'Ascension nocturne de Muhammad (*mi'râj**) ;
– 1er *ramadhân* : début du jeûne du ramadan ;
– 1er *shawwâl* : fête solennelle du Sacrifice (*'îd al-adhâ*).

Les chiites ont quelques fêtes commémoratives propres, comme le martyre de Husayn le 10 *muharram*.

L'astronomie

L'astronomie n'est pas au départ une science islamique. Mais les savants musulmans ont dû s'initier à cette science afin de déterminer avec précision les incidences quotidiennes, mensuelles et annuelles des événements du calendrier religieux. Ils se sont inspirés des connaissances grecques, sassanides et indiennes. Ils ont créé de véritables observatoires à Isfahan (de 1074 à 1092) et surtout à Maghara (Azerbaïdjan) de 1259 jusqu'à 1316, et à Samarkand à partir de 1420.

Règle de conversion

La règle de conversion entre le calendrier grégorien (G), suivi en Occident, et le calendrier musulman, dit hégirien (H) :
G = H + 622 – (H/33)
H = G – 622 + [(G – 622)/32].
Ainsi, pour convertir l'année grégorienne 2005, le calcul est le suivant :
H = 2005 – 622 + [(2005 – 622)/32] = 1426 (année hégirienne).

La chronologie du monde islamique est déterminée selon le calendrier hégirien, dont les mois suivent le cycle lunaire. La fixation de la date des fêtes suppose une grande maîtrise des calculs astronomiques.

La prière et ses rites

Toute prière musulmane associe quatre démarches : la louange, l'adoration, l'imploration de la miséricorde de Dieu pour tous les hommes, la récitation du Coran.

La *Fâtiha*

La sourate* *al-Fâtiha* est au cœur de la prière quotidienne du musulman. Il la récite 17 fois par jour : « *Au nom de Dieu : Celui qui fait miséricorde, le Miséricordieux. Louange à Dieu, Seigneur des mondes : Celui qui fait miséricorde, le Roi du Jour du Jugement. C'est toi que nous adorons, c'est toi dont nous implorons le secours. Dirige-nous dans le chemin droit : le chemin de ceux que tu as comblés de bienfaits ; non pas le chemin de ceux qui encourent ta colère, ni celui des égarés.* » La traduction à laquelle on se réfère dans les citations coraniques est celle de Denise Masson, dans sa version révisée par le Dr Sobhi El-Saleh.

Pureté rituelle et ablutions

La pureté rituelle comporte quatre exigences :
– la pureté du cœur ;
– la pureté du corps ;
– la pureté des vêtements ;
– la pureté du lieu de la prière.
Suivant l'importance des souillures, elle est obtenue par la petite ablution* (*wudû'*) ou la grande ablution (*ghusl**).

L'office des cinq prières quotidiennes

Deuxième des cinq piliers (*voir* pp. 18-19) de la religion musulmane, l'office des cinq prières quotidiennes, ou *salât**, est obligatoire à partir de la puberté. Il s'agit de la prière du matin (*subh*), du milieu du jour (*zuhr*), de l'après-midi (*'asr*), du soir (*maghrib*), de la nuit (*'ishâ'*).

L'appel à la prière

Le temps des prières est annoncé par un appel, *l'adhân* (« information »). Il comprend sept invocations, dites en langue arabe, lentement, en tenant une pause entre chaque invocation :
1. *Allâhu akbar*, « Dieu est Le Plus Grand ! » (invocation répétée quatre fois).
2. *Ashhadu an lâ ilâha illâ llâh*, « Je témoigne qu'il n'y a de divinité que Dieu ! » (deux fois).
3. *Ashhadu anna Muhammadan rasulu-llâh*, « Je témoigne que Muhammad est le Messager de Dieu ! » (deux fois) ; les chiites ajoutent ici : *ashhadu anna 'Aliyyan waliyu-llâh*, « Je témoigne que 'Alî est parmi les plus rapprochés de Dieu » (deux fois).
4. *Hayya 'alâ s-salât*, « Venez à la Prière ! » (deux fois).

5. *Hayya 'alâ l-falâh*, « Venez au Salut ! » (deux fois) ; les chiites ajoutent ici : *hayya 'alâ khayri l-'amal*, « Venez pour accomplir la meilleure œuvre » (deux fois).
6. *Allâhu akbar*, « Dieu est Le Plus Grand ! » (deux fois).
7. *Lâ ilâha illâ llâh*, « Il n'y a de divinité que Dieu ! » (une fois).

« Lorsque l'adorateur se tient debout pour célébrer sa prière, la piété se répand sur sa tête jusqu'à ce qu'il s'incline ; lorsqu'il se redresse de son inclination, la miséricorde de Dieu le survole jusqu'à ce qu'il se prosterne ; celui qui se prosterne se prosterne aux pieds de Dieu le Très Haut : qu'il lui adresse ses demandes et lui adresse ses supplications. » (Hadîth)*

Le rite de la prière quotidienne

La prière quotidienne peut s'accomplir à la mosquée ou dans tout lieu répondant aux critères de la pureté rituelle. Un tapis permet de se protéger des souillures du sol. Les éléments essentiels de la prière sont : le rite* des ablutions, l'appel à la prière (*adhân*) lancé par le muezzin, l'orientation vers la *qibla**, terme qui désigne la direction de La Mecque, plusieurs cycles de postures du corps (*rak'ât**), allant de la position debout à la prosternation, la récitation de la première sourate* du Coran, la *Fâtiha** (*voir* ci-contre), puis d'un passage du Coran.

L'office communautaire du vendredi

L'office communautaire du vendredi rassemble la communauté musulmane d'un même lieu à la grande mosquée (*jâmi'**), à l'heure prévue pour la prière du milieu du jour (*zuhr*). Il comporte un sermon prononcé par l'imam*-prédicateur. Les femmes qui souhaitent participer à cet office y sont autorisées.

Les autres formes de prières

En plus des cinq prières quotidiennes, les musulmans pratiquent : les prières des veillées de ramadan (*tarâwîh*), entrecoupées de longs extraits de cantilation (psalmodie) du Coran, les deux offices solennels à l'occasion des fêtes de *'îd* al-fitr* et de *'îd al-adhâ* (*voir* pp. 20-21), la prière mortuaire, la prière d'invocation, appelée *du'â* (« appel »), le *dhikr** (« rappel »), qui consiste à faire mention de Dieu.

En islam, la prière tient une place centrale. Cinq fois par jour, le musulman magnifie son Seigneur, implore sa miséricorde et sollicite ses bénédictions.

La solidarité et le jeûne

La solidarité et le jeûne occupent, en islam, une place majeure. Ils ont le statut de « piliers de l'islam ».

« N'est pas croyant celui qui, parmi vous, dort en étant repu, tandis que son voisin souffre de la faim. » (Hadîth)*

Solidarité et impôt religieux sur les biens

Afin d'assurer un partage équitable des biens, les musulmans pratiquent différentes formes d'aumônes :
– la *sadaqa**, qui désigne toute aide spontanée remise directement au bénéficiaire ;
– l'aumône propitiatoire*, véritable acte de pénitence pour réparer une faute commise ;
– l'aumône de la fête de *'îd* al-fitr* (*voir* pp. 20-21) ;
– l'aumône à l'occasion d'une naissance ;
– l'impôt religieux annuel prescrit sur les biens.

L'acquittement de l'impôt religieux sur les biens (*zakât**) est le troisième des cinq piliers de l'islam (*voir* pp. 18-19). Cet impôt représente un droit des pauvres sur les biens de ceux qui ont des ressources. Le montant de la *zakât* est de deux et demi pour cent sur les revenus ou les biens imposables. Le produit de la *zakât* est redistribué à huit catégories de bénéficiaires nécessiteux (*voir* encadré).

Les huit catégories de bénéficiaires de la *zakât*

- les besogneux musulmans ;
- les pauvres, y compris parmi les non-musulmans ;
- le personnel des administrations chargées de la collecte et de la répartition de la *zakât* ;
- les nouveaux convertis et ceux dont le cœur est à rallier ;
- l'affranchissement des esclaves musulmans ;
- les personnes lourdement endettées par des dépenses pieuses ;
- les dépenses occasionnées par le *jihâd** ;
- le voyageur qui a besoin d'aide.

Le jeûne en islam

Celui qui s'adonne au jeûne (*siyâm* ou *sawm*) se rend apte à supporter les épreuves de la vie et s'ouvre au sort des plus démunis. Le jeûne islamique consiste dans l'abstention totale de nourriture (solide ou liquide) et de relations sexuelles de l'aurore au coucher du soleil. Le jeûne commence peu avant l'aube et prend fin au coucher du soleil (*maghrib*). L'islam connaît trois formes de jeûne : le jeûne du ramadan, obligatoire pour toute la communauté, le jeûne périodique volontaire à d'autres moments de l'année ou bien à certains jours de la semaine (le lundi et le jeudi), le jeûne en vue d'obtenir le pardon des péchés.

« L'homme, pour chaque phalange de ses doigts, doit verser l'aumône. Pratiquer l'équité entre deux personnes est une aumône. Aider un homme à enfourcher sa monture ou à hisser ses bagages est une aumône. Dire une bonne parole est une aumône. Tout pas effectué pour se rendre à la prière est une aumône. Écarter du chemin tout ce qui peut nuire est une aumône. »
(Hadîth)

L'institution du ramadan

Le ramadan (de l'arabe *ramadhân**, nom du neuvième mois de l'année lunaire) représente le quatrième des cinq piliers de l'islam. Tout musulman pubère, homme et femme, est tenu de le faire. Le voyageur, le malade, la personne âgée, la femme enceinte ou qui a accouché en sont dispensés. Une compensation est néanmoins prévue. Celui qui rompt volontairement le jeûne commet une faute qu'il doit expier. Le mois de ramadan peut durer trente ou vingt-neuf jours. La date du début du mois de ramadan avance chaque année de onze jours (à cause du décalage à rebours par rapport à la date solaire, *voir* pp. 20-21).

Dimension spirituelle et sociale du ramadan

Tout au long du mois de ramadan, le musulman cherche à intensifier son lien avec Dieu, à méditer le Coran, à participer aux veillées de prière de *tarâwîh* (veillées de ramadan) et à être généreux envers les pauvres.

Le souvenir de la révélation* du Coran au prophète Muhammad est évoqué au cours de la nuit du 27e jour du mois de *ramadhân* (*Laylat al-qadr*, « nuit du décret »). Le mois de ramadan s'achève par la fête de la rupture du jeûne, *'îd al-fitr*, et l'acquittement de *zakât al-fitr* (l'impôt religieux sur les biens).

Par le partage des biens et le jeûne, les musulmans manifestent leur volonté de traduire en actes les prescriptions spirituelles, morales et sociales de l'islam.

Les lieux sacrés

Des lieux et des espaces chargés d'une valeur symbolique ont été « séparés ». Ils constituent les pôles sacrés de l'islam.

Principales parties d'une mosquée

L'édifice est dominé par une tour extérieure, le minaret. Au centre de la cour (*sahn*) se trouve la fontaine des ablutions* (*mîdâ*). Dans la salle de prière, on distingue le *mihrâb, une petite niche qui indique la direction (*qibla**) de La Mecque, la chaire (*minbar**) où se tient l'imam*-prédicateur et enfin l'espace réservé aux femmes.**

La conception islamique du « sacré »

Les lieux sacrés de l'islam sont des espaces *harâm** (« séparés », « interdits »). Ils sont de trois sortes :
– les lieux où sont commémorés des événements religieux majeurs ;
– les lieux où est célébré habituellement le culte islamique ;
– le Coran lui-même, en tant qu'Écriture sacrée.

La Mecque, Médine, Jérusalem : trois villes sacrées

Les lieux auxquels sont attachés des événements de la vie d'Adam, d'Ève, d'Abraham, de Hagar, d'Ismaël et de Muhammad ont été déclarés sacrés par l'islam. Ils se trouvent à La Mecque, Médine et Jérusalem.
La Mecque (en arabe *Makka*) est le pôle historique et spirituel de l'islam vers lequel s'orientent cinq fois par jour les musulmans en prière. La mosquée de La Mecque abrite quatre hauts lieux de l'islam : la Ka'ba*, édifice cubique construit par Abraham et Ismaël à l'endroit présumé où Adam aurait bâti le premier temple de

Jérusalem et le temple d'Hérode. Huile sur toile de James Tissot.

l'humanité, le Maqâm Ibrâhîm (« station d'Abraham »), le puits de Zamzam (le bruissement de la source), la galerie de procession entre as-Safâ et al-Marwah.

Deuxième ville sainte de l'islam, Médine (en arabe *al-Madîna*, « la ville ») s'appelait Yathrib avant l'islam. Muhammad s'y est établi au lendemain de l'hégire (*voir* pp. 6-7). On y visite sa tombe, ainsi que celles de ses épouses et de plusieurs califes.

À al-Quds (« le lieu saint », nom islamique de Jérusalem) se trouve le Harâm ash-sharîf (« le noble sanctuaire »). Là s'élèvent le dôme du Rocher, improprement appelé « mosquée d'Omar », le Qubbat al-Silsila (« le dôme de la Chaîne »), et al-Masjîd al-Aqsâ' (« la mosquée la plus éloignée »).

Le périmètre du *hajj* ou « grand pèlerinage », interdit aux non-musulmans

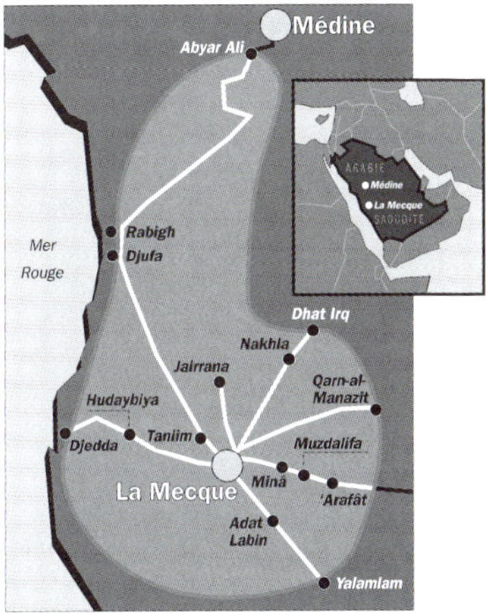

Les lieux sacrés du chiisme

Les lieux les plus célèbres de l'histoire du début du chiisme (*voir* pp. 44-45) sont devenus de grands lieux de pèlerinages. Quatre d'entre eux sont en Irak (Karbalâ, an-Najaf, al-Kâzimayn, Sâmarrâ'), et deux autres en Iran (Mashhad et Qom).

La mosquée

Seules les personnes se trouvant en état de pureté rituelle peuvent accéder à la mosquée. Il faut être déchaussé. Le sol est recouvert de tapis. Les musulmans font la distinction entre *al-jâmi'**, la mosquée cathédrale où se regroupe l'assemblée pour la prière du vendredi (*voir* pp. 20-21 et 22-23), et *al-masjîd** (d'où « mosquée »), simple oratoire de quartier. La mosquée comporte, outre l'espace de prière, des locaux socioculturels.

Pour les musulmans, La Mecque, Médine et Jérusalem sont des lieux chargés d'une grande densité symbolique. À l'échelon local, chaque mosquée représente un espace sacré où s'opère le retour à l'essentiel, le culte du Dieu unique.

Le pèlerinage à La Mecque

Le douzième mois de l'an 10 de l'hégire, le prophète Muhammad se rend en pèlerinage à La Mecque, accompagné d'un grand nombre de musulmans. Il inaugure le rite du *hajj*.

Le pèlerin

Le pèlerin en train d'accomplir son pèlerinage est appelé *hâjj* (pl. *hujjâj*). À son retour, de nombreuses festivités attendent le *hâjj*. Homme ou femme, il est traditionnellement entouré d'un grand respect.

Statistiques

Chaque année, ce sont 2 à 3 millions de fidèles qui se rendent au *hajj*. Un barème de 1 000 pèlerins par million d'habitants est fixé pour tous les pays. 15 000 à 18 000 musulmans de France participent au pèlerinage. Des incidents sanglants (entre factions rivales saoudiennes) se sont produits à La Mecque en 1979. En 1990, il y a eu 1 426 morts à la suite de bousculades.

Le cinquième pilier de l'islam

Le pèlerinage à La Mecque, ou *hajj**, est le cinquième pilier de l'islam (*voir* pp. 24-25). Son institution repose sur une prescription divine mentionnée dans le Coran. En plus du *hajj* à La Mecque, les chiites ont leurs propres coutumes de pèlerinage aux lieux de sépulture de leurs imams* à Karbalâ, an-Najaf, al-Kâzimayn, Sâmarrâ' en Irak, Mashhad et Qom en Iran.

Signification et cadre juridique du *hajj*

La tradition musulmane se représente La Mecque comme l'axe du monde et le lieu du rappel de l'histoire d'Abraham. Les rites* du pèlerinage font pour ainsi dire entrer les musulmans dans une renaissance spirituelle. Chaque musulman apprend à La Mecque l'égalité et la fraternité entre croyants de toutes conditions, de toutes cultures.
Pour faire ce pèlerinage, il faut être pubère, avoir l'usage de la raison, être apte physiquement et pouvoir

Pèlerins allant à La Mecque. Huile sur toile de Léon Belly (1861).

Les étapes du pèlerinage

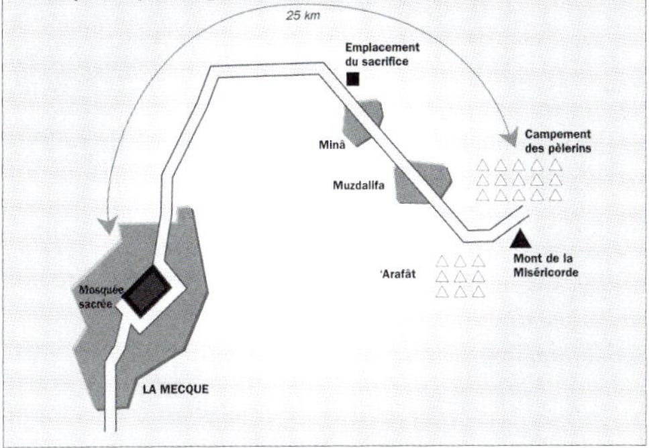

s'acquitter du montant du prix du voyage. La femme est accompagnée de son mari ou d'un parent. Le pèlerinage s'accomplit généralement au cours des dix premiers jours de *dhû l-hijja* (*voir* pp. 20-21).

Le rituel

– Avant le 8 du mois de *dhû l-hijja* : rite d'entrée en sacralisation ; proclamation de la *talbiya* (prière d'invocation) : « Me voici mon Dieu, me voici ! » ; arrivée à La Mecque et septuple déambulation autour de la Ka'ba* ; course entre as-Safâ et al-Marwa (*voir* pp. 26-27).
– 8 *dhû l-hijja* : départ de La Mecque ; arrivée à Minâ.
– 9 *dhû l-hijja* : départ de Minâ ; arrivée à 'Arafât* ; départ pour Muzdalifa.
– 10 *dhû l-hijja* : jour de la fête du Sacrifice (*î al-adhâ*, *voir* pp. 20-21) ; arrivée à Minâ ; immolation d'une bête en souvenir du sacrifice d'Abraham ; départ pour La Mecque ; septuple déambulation circulaire ; fin de l'état de sacralisation.
– Du 11 au 13 de *dhû l-hijja* : déplacement à Minâ ; lapidation des trois stèles ; retour à La Mecque ; déambulation d'adieu autour de la Ka'ba.
Les pèlerins poursuivent habituellement leur séjour aux lieux saints en se rendant à Médine.

Le pèlerinage mineur

Contrairement au pèlerinage majeur (*hajj*), le pèlerinage mineur (*'umra*, « visitation ») peut s'accomplir à n'importe quel moment de l'année. Faire la *'umra* ne dispense pas du *hajj*. Les rites du pèlerinage mineur se déroulent à la Grande Mosquée de La Mecque.

Invocation rituelle au moment du pèlerinage

« Seigneur Dieu ! Fais que mon pèlerinage soit agréé, mon effort récompensé, mes péchés pardonnés, et mes bonnes actions approuvées. Fais-moi mériter le Paradis et préserve-moi de l'enfer. »

Le pèlerinage à La Mecque permet aux musulmans de tous les continents de vivre intensément un retour aux sources de l'islam.

Les croyances

Parmi les six dogmes de la foi islamique, la croyance au Dieu unique tient une place centrale. Les autres dogmes définissent les modalités de l'intervention de Dieu dans l'histoire et dans les cœurs.

Isrâfîl, l'ange de la trompette de la Résurrection.

Les six croyances de l'islam

Les croyances islamiques sont consignées dans six dogmes énumérés dans un *hadîth** : « *La foi consiste à croire en Dieu, aux Anges, aux Livres révélés, aux Envoyés, au Jour dernier et en la Prédestination.* »

– La croyance en Dieu : Dieu se révèle sous le nom d'*Allâh* et de Seigneur (*Rabb*). Le dogme central de l'islam est l'affirmation de l'unicité divine. Le péché le plus grave est le *shirk**, le fait d'associer une divinité à Dieu.

– La croyance aux Anges : les anges (*malâ'ika*) sont des êtres surnaturels. Dotés d'intelligence et de parole, ils sont faits de lumière. Au sommet de la hiérarchie se trouvent quatre archanges : Jibrîl (Gabriel), l'ange de la révélation* ; Mîkâ'îl (Michel), l'ange qui gouverne les forces de la nature ; Isrâfîl (Uriel), l'ange de la Résurrection ; 'Isrâ'îl (Azraël), l'ange de la mort.

– La croyance aux Livres divins : les Livres divins sont les Écritures révélées, contenant une loi religieuse. Cinq Écritures occupent une place privilégiée dans l'islam : les feuillets d'Abraham, la Torah révélée à Moïse, le Psautier révélé à David, l'Évangile révélé à Jésus, le Coran révélé à Muhammad. Les musulmans croient à leur valeur sacrée. D'autres écrits sont mentionnés dans le Coran, comme les *suhuf* (« feuillets ») d'Abraham.

– La croyance aux Prophètes : Dieu a dépêché à tous les peuples des prophètes issus de leurs propres rangs. L'islam établit une différence entre deux catégories de prophètes, le *nabî* * (« envoyé ») et le *nasûl** (« envoyé-messager »). Le *rasûl* est un *nabî* qui a reçu la mission de transmettre une révélation. L'islam demande de croire à tous les prophètes nommés dans le Coran, d'Adam à Muhammad.

– La croyance au Jour dernier : au Jour dernier, le monde sera anéanti. Viendra l'heure de la résurrection, suivie du rassemblement des hommes devant Dieu pour la rétribution (le jugement final). Les uns hériteront du Paradis (le jardin paradisiaque), les autres de la Fournaise (enfer).

– La croyance en la Prédestination : selon la doctrine musulmane de la prédestination (*al-qadar wal-qadâ'*), tout ce qui advient est connu et voulu de Dieu, sans que la liberté de l'homme ne s'en trouve entravée.

« La vision de Dieu au jour du jugement ne sera pas de même nature que la perception ordinaire par la vue. C'est une vision que l'on ne peut ni définir, ni décrire. Elle se fera soit par une vue spéciale que Dieu accordera, soit par la transformation des facultés visuelles d'ici-bas. »
(Muhammad 'Abdouh, *Exposé de la religion musulmane*, ENAG)

L'attestation de foi

Appelée *shahâda** (« témoignage »), l'attestation de foi musulmane (*voir* pp. 18-19) est une attitude intérieure et un témoignage social. Elle consiste en une double confession de foi : *lâ ilâha illâ Llâh, wa Muhammad Rasûlu Llâh !* (« Il n'y a de dieu que Dieu, et Muhammad est l'Envoyé de Dieu ! »). Elle est requise pour entrer en islam. À l'heure de son agonie, le musulman prononce cette formule.

Les noms divins

La tradition musulmane attribue à Dieu 99 noms sacrés, dont les premiers sont : Allâh (« la Divinité absolue et révélée »), ar-Rahmân (« Celui qui fait miséricorde »), ar-Rahîm (« le Miséricordieux »), al-Malik (« le Souverain »), al-Quddus (« le Saint »), as-Salâm (« la Paix »).

La foi musulmane consiste à croire en l'unicité de Dieu, aux Anges, aux Livres révélés, aux Envoyés, au Jour dernier et en la Prédestination.

La morale

« *Réformer son caractère et faire le bien* », tel est l'enseignement moral proposé par l'islam.

> *« La vie morale commence lorsque notre poursuite du bien-être légitime résulte d'un choix conscient, ayant pour point de départ un discernement entre le bien et le mal, et, pour règle, l'abstention de ce qui est défendu et l'astreinte à l'usage du seul permis. Mais ce n'est là qu'un commencement... »*
> (M. A. Draz, *La Morale du Coran*, PUF)

La tâche de la morale islamique

L'homme devra répondre de ses actes, tout comme il devra justifier des motivations qui l'ont habité. C'est ce qu'enseigne un *hadîth** célèbre : « *les actes ne valent que par leur intention* ». Définir les limites à ne pas transgresser, éveiller le sens de la responsabilité, rappeler les devoirs fondamentaux, telle est la tâche de la morale islamique.

Ordonner le bien et empêcher le mal

Un verset coranique caractérise la communauté musulmane comme étant la communauté qui « *ordonne ce qui est convenable et interdit ce qui est blâmable* » (sourate* 3, 110). La responsabilité morale du croyant se trouve par là impliquée à un double titre : l'engagement pour le bien et la lutte contre le mal, inséparables en islam.

Pas d'excès dans l'ascèse

L'islam ne prône ni l'ascèse stricte ni le relativisme. Tout ce qui pourrait entraîner une gêne est déconseillé : « *Dieu veut la facilité pour vous, il ne veut pas, pour vous, la contrainte.* » (Sourate 2, 185)

Pratique de l'examen de conscience

Le Coran insiste sans cesse sur la nécessité de la conversion personnelle : « *Dieu ne modifie rien en un peuple, avant que celui-ci ne change ce qui est en lui* »(sourate 13, 11). Il est recommandé de faire un examen de conscience en fin de journée. Celui qui constate le moindre péché en demande pardon à Dieu et s'efforce de s'amender. Sont considérés comme péchés la transgression d'un interdit ou le manquement à une obligation.

Traités de morale

Les traités de morale musulmane contiennent deux grandes sections : le traité du bon comportement

prédication sources pratiques

La Décrue du Nil, de Frederick Goodall (1873).

(*âdâb*) et le traité des vertus (*akhlâq*). Ils sont rédigés selon un schéma intangible où s'enchaînent des citations coraniques, des références au Hadîth et des exhortations.
– Le bon comportement : dans la section consacrée au bon comportement, les ouvrages de morale dissertent sur l'intention, le comportement envers Dieu, le Coran et le Prophète, sur l'attitude envers soi-même, le prochain et les non-musulmans, sur l'amour, la confiance et la fidélité entre époux, sur les voies de la fraternité et de l'amour, sur les règles relatives au repas, à l'hospitalité, au voyage, à l'habillement, au sommeil et à l'hygiène.
– Le traité des vertus : les vertus qui font l'objet des plus longs développements dans les traités de morale sont la noblesse de caractère, la patience, l'endurance, la confiance en Dieu, l'altruisme, l'amour du bien, la justice, la tempérance, la compassion, la pudeur, la bienfaisance, la sincérité, la générosité, la modestie. L'ostentation, la vanité, la paresse, l'envie, l'iniquité et l'hypocrisie sont particulièrement réprouvées par l'islam.

« Le comportement parfait est que tu adores Dieu comme si tu le voyais, car si tu ne le vois pas, lui te voit. » (Hadîth)

La morale musulmane est déduite des préceptes coraniques et de la *sunna. Les principes éthiques visent à susciter le bon comportement et à encourager les attitudes vertueuses.**

L'État islamique

Le modèle de gouvernement de la communauté islamique s'inspire des pratiques instaurées par le prophète Muhammad à Médine.

« Le Coran et la sunna* *ne prescrivent aucune forme spéciale de gouvernement. Il définissent certains principes fondamentaux sur lesquels l'État devrait s'appuyer et s'en remettent pour le détail aux nécessités du temps, elles-mêmes assujetties aux progrès des connaissances humaines. »*
(Saïd Ramadan, *Qu'est-ce qu'un État islamique*, Centre islamique de Genève)

Trois demeures

La communauté des musulmans est la *umma** (de *umm*, « la mère »). En tant que société religieuse concrète, elle est dénommée *dâr** *al-silâm* (« demeure de l'islam »). *Dâr al-islâm* se différencie, d'une part, de *dâr al-harb* (« demeure de la guerre »), qui désigne la société des non-musulmans n'ayant pas conclu de pacte avec *dâr al-islâm*, et, d'autre part, de *dâr al-'ahd* (« maison de l'alliance »), qui représente celle des non-musulmans ayant conclu un pacte avec *dâr al-islâm*.

L'imam et la conduite légitime de la communauté

L'imam* est chargé de porter la prédication et de gouverner la communauté. Sa charge est l'imamat. On distingue l'imamat originel exercé par le prophète Muhammad, l'imamat califal exercé par les califes et l'imamat cultuel de présidence de la prière dans les communautés locales ; celui-ci est exercé au nom de l'imam qui gouverne. À noter que les imams chiites sont choisis parmi les descendants de la famille de Muhammad. La tâche du gouvernement islamique

Islam et politique

« Les nouveaux penseurs [de l'islam], *par la critique qu'ils font du discours religieux, mettent d'ailleurs bien en évidence l'usage régulier de la religion comme outil politique. Les États soutiennent les discours religieux traditionalistes qui proclament souvent parler au nom de Dieu, parce que ces discours ne les remettent pas en cause eux-mêmes. Mais les groupes dits extrémistes, fondamentalistes, que ces pouvoirs d'État fustigent, font la même utilisation, en vue de leurs propres objectifs politiques, du discours religieux. »*
(Rachid Benzine, *Les Nouveaux Penseurs de l'islam*, 2004, p. 25)

est d'ordonner le bien et d'interdire le mal (*voir* pp. 32-33). D'où la nécessité d'un pouvoir exécutif et judiciaire. Détenteur de ce pouvoir, l'imam gouverne en se soumettant lui-même à la Loi divine, la *sharî'a**. Il n'a aucun pouvoir législatif. Dieu seul possède ce pouvoir. L'imam veille à l'application des sanctions et peines légales. Il fait respecter la répartition équitable des finances et l'interdiction de l'usure (*ribâ*) et du prêt à intérêt.

Deux principes : la consultation et le serment d'allégeance

Deux règles dominent en politique islamique : le principe de la consultation (*shûra**) de la communauté avant toute décision, y compris la désignation de l'imam ; le principe du serment d'allégeance, qui institue un lien sacré entre l'imam et Dieu, entre les fidèles et l'imam, entre *dâr al-islâm* et *dâr al-'ahd.*

L'intégration des sujets non musulmans

Les *dhimmîs*, c'est-à-dire les sujets non musulmans en résidence dans l'État islamique, versent annuellement la *jisya* (« capitation »). Un *hadîth** fait dire à Muhammad : « *Quiconque cause un tort à un sujet non musulman, je serai moi-même son adversaire le jour de la Résurrection.* »

Le grand et le petit *jihâd*

Le grand *jihâd** (« lutte ») est l'effort sur soi auquel s'astreint tout musulman pour éviter le péché. Le petit *jihâd* est le devoir d'autodéfense de la communauté face à un ennemi qui assiège le domicile des musulmans, s'en prend à leurs lieux de culte et les empêche de pratiquer leur religion.

Évolution des modes de gouvernement

Le califat a débuté avec le gouvernement d'Abû Bakr (m. en 634). Mustafa Kemal (dit Kemal Atatürk, le père de la nation turque, m. en 1938) abolit le sultanat le 29 octobre 1923, puis le califat le 3 mars 1924. Le découpage contemporain en États-nations a engendré une multitude de formes constitutionnelles du gouvernement islamique, de l'Iran à l'Arabie Saoudite, de l'Afghanistan à la Mauritanie.

La conception islamique du gouvernement repose sur l'imamat et le principe de la consultation de la communauté musulmane. Dans les faits, celle-ci est en perpétuelle recherche de son équilibre politique.

Musulman et musulmane

Convaincu que la femme est la véritable garante de la transmission des valeurs religieuses, l'islam a voulu la maintenir dans un statut à part, tout particulièrement dans le domaine juridique.

Parité face aux pratiques religieuses

Le Coran atteste l'égalité de tous devant Dieu : « *Dieu a promis aux croyants et aux croyantes des Jardins où coulent les ruisseaux. Ils y demeureront immortels* » (sourate* 9, 72). La totalité des prescriptions religieuses, cultuelles et morales concernent, à égalité, l'homme et la femme, est-il dit dans la sourate 33, 35. La seule restriction concerne la pureté rituelle : le sang des menstrues entre dans la catégorie de l'impur (sourate 2, 222), et crée un empêchement temporaire dans les pratiques religieuses (*voir* pp. 22-23).

Disparité dans la capacité juridique

Le Coran accorde à l'homme une capacité juridique supérieure à celle de la femme : « *Les femmes ont des droits équivalents à leurs obligations, et conformément à l'usage. Les hommes ont cependant une prééminence sur elles* » (sourate 2, 228). La disparité entre l'homme et la femme concerne les domaines suivants :

– le témoignage : celui de la femme est évalué à la moitié de celui de l'homme (sourate 2, 282) ;

– l'héritage : la femme reçoit la moitié de la part dévolue à l'homme (sourate 4, 11-12) ;

– le nombre des conjoints : l'homme est autorisé, sous certaines conditions (sourate 4, 129), à prendre jusqu'à quatre épouses (sourate 4, 3) ;

– la séparation : l'homme, contrairement à la femme, a la faculté de répudier son épouse sous certaines conditions (sourate 2, 227) ; en revanche, la femme peut demander le divorce dans certains cas ;

– le choix du conjoint : la femme n'a pas la possibilité

Aïcha, mère des croyants

« Veuve désormais, et "mère des Croyants" [...], Aïcha vient d'atteindre ses dix-neuf ans. Dans la fraîcheur de sa chambre, tout près de la tombe de Mohammed dont ne la sépare qu'une mince et récente cloison, Aïcha se remémore [...]. "Désormais, songe-t-elle, Ô Seigneur de Mohammed, accorde-moi chaque jour un peu de patience pour devoir ainsi renoncer à sa Présence !... Combien de temps encore ?..." » **(Assia Djebar, *Loin de Médine*, 1991, p. 42). Aïcha, troisième épouse du Prophète, était aussi sa confidente.**

d'épouser un non-musulman, tandis que l'homme peut épouser une croyante non musulmane parmi les Gens du Livre*.

Voile islamique

Le verset coranique le plus explicite sur la tenue des femmes dit ceci : « *Ô Prophète ! Dis à tes épouses, à tes filles et aux femmes des croyants de se couvrir de leurs voiles* (*jalâbib*, « tunique ») : *c'est pour elles le meilleurs moyen de se faire connaître et de ne pas être offensées* » (sourate 33, 59). Le « voile » féminin islamique a donc une double finalité : affirmer l'identité islamique et se protéger des regards étrangers ou indélicats. Un *hadîth** viendra préciser que le voile islamique ne doit laisser apparaître que le visage et les mains.

Émancipation de la femme

L'islam contemporain est animé par d'incessants débats sur la condition féminine. Les femmes émancipées revendiquent le droit de rompre le cantonnement dans le rôle d'épouses, de mères et de gardiennes du domicile qui leur est trop souvent imposé. De leur côté, les milieux rigoristes soutiennent pour leur part, que la femme musulmane peut accéder à toutes les responsabilités sociales, politiques et même cultuelles, puisqu'une femme a la faculté de présider, comme imam*, la prière d'un groupe de femmes.

Maryam, 'Â'isha et Fâtima az-Zuhra

Trois femmes occupent un rang privilégié dans l'islam : Maryam (Marie), mère de Jésus, seule femme dont le Coran cite le nom, 'Âisha, épouse préférée du Prophète, et sa fille Fâtima az-Zuhra, particulièrement vénérée dans le chiisme.

Le Coran, quand il parle de la femme, la désigne en tant que croyante, épouse et mère. Les disparités homme-femme ne concernent pas les pratiques cultuelles, mais la capacité juridique respective.

Éducation et enseignement

« Un parent ne peut rien léguer de mieux à ses enfants qu'une bonne éducation », dit un *hadîth*.

Les premiers responsables de l'éducation islamique sont les parents.

Les mosquées-universités les plus célèbres

– La Qaraouiyine (al-Qarawiyyin) de Fès, au Maroc, fondée en 859 apr. J.-C. ; la mosquée d'al-Azhar, au Caire, fondée en 972 ;
– la Zitouna (az-Zaytûna) de Tunis, érigée en 1283.

Quête du savoir

En islam, la quête du savoir (*talabu l-'ilm*) représente une obligation religieuse de premier ordre. Tous les musulmans connaissent ces deux *hadîths** : « *Cherchez la science, même si elle est en Chine* », « *Pour Dieu, la recherche de la science est supérieure à la prière, au jeûne, au pèlerinage, au jihâd**. »

Éducation religieuse

L'éducation islamique porte sur « *ce que les langues doivent prononcer, ce que les cœurs doivent croire, ce que les membres doivent accomplir* » (*hadîth*). L'enfant étudie d'abord ce qu'il faut savoir du Coran pour prier – en priorité la deuxième partie du Coran – puis l'essentiel des prescriptions rituelles.

Un *hadîth* précise : « *Ordonnez à vos enfants de faire la prière lorsqu'ils atteignent la septième année, et contraignez-les à la faire lorsqu'ils atteignent la dixième année.* »

Institutions traditionnelles d'enseignement islamique

Elles ont été fondées au Moyen Âge. Ce sont :
– le *kuttab*, ou école élémentaire ; l'enfant y apprend le Coran, les pratiques religieuses,

> « *L'enseignement est un art qui nécessite des connaissances, de l'expérience et du savoir-faire. La plupart des maîtres d'école sont des ignorants en matière d'instruction. Savoir le Coran par cœur est une chose, enseigner en est une autre.* »
> ('Ibn 'Abdûn, *Séville musulmane au début du XIIe s., Le Traité d'Ibn 'Abdûn*, Maisonneuve)

la grammaire et les mathématiques sous la direction d'un instituteur (*mu'allim*) ;
– la *madrasa*, ou collège spécialisé en sciences religieuses ; les études durent cinq ans, sous la direction d'un *mu'allim* ou d'un cheikh (sage) ;
– la *zâwiya*, ou centre de formation et de retraite, tenu par les membres de confréries religieuses soufies*. Ces trois institutions subsistent dans de nombreux pays. Mais l'enseignement religieux principal est dispensé dans des écoles publiques.

Centres de formation islamique en France

– L'Institut européen des sciences humaines (IESH), créé à Saint-Léger-de-Fougeret (Nièvre) en 1991 ;
– l'Université islamique de France, fondée en 1993 à Mantes-la-Jolie ;
– l'Institut de théologie de la mosquée de Paris (1995).

Études de théologie

Les études théologiques islamiques durent quatre ans et se déroulent dans des mosquées-universités ou des facultés d'État. On y étudie les sciences coraniques, l'exégèse* (*tafsîr*), le Hadîth, la jurisprudence et le droit canonique* (*fiqh**), la méthodologie du droit (*usul al-fiqh**), la littérature, l'histoire des religions, la pédagogie, la rhétorique de la prédication. Les principaux lieux d'enseignement de la théologie chiite sont situés à Najaf en Irak, à Qom et Mashhad en Iran.

> **L'islam a conservé les structures traditionnelles d'enseignement religieux. Les études de théologie sont placées sous la responsabilité des universités ou des ministères des Affaires religieuses.**

Études d'islamologie

Il s'agit des recherches historico-critiques sur les sources, la pensée religieuse, les institutions, les expressions sociales ou politiques de l'islam. L'islamologie est étudiée à travers le monde. En France, plusieurs universités et sections du CNRS s'y consacrent.

Titres et fonctions

En islam, deux critères prévalent pour guider le choix et la désignation des responsables religieux : le savoir en matière religieuse et une conduite honorable.

Ni clergé, ni sacerdoce

La religion musulmane n'a institué ni sacerdoce, ni clergé. Les différentes tâches sont assumées par un personnel religieux.

Savants et docteurs de l'islam

Les spécialistes de la pensée théologique sont :
– les *mutakallimûn*, théologiens spécialisés en *'ilm al-kalâm** (« science de la controverse », sorte de débat pour défendre l'islam) ;
– les *muftîs**, spécialistes de doctrine religieuse chargés officiellement de donner des avis qualifiés (*fatwas**) sur des questions religieuses. Le grand *muftî* d'un pays porte parfois le titre de *shaykh** *al-islâm** (« sage de l'islam ») ;
– les *'ulémas* (de l'arabe *'ulamâ'*, pluriel de *'âlim**, « savant »), docteurs de l'islam, qui peuvent être membres d'un conseil supérieur islamique.

Fonctions juridico-religieuses

L'islam, religion à observances*, a institué des fonctions juridiques.
Elles sont remplies par :
– les *fuqahâ'* (pluriel de *faqîh**), jurisconsultes de l'islam. Ils donnent des avis sur des questions juridiques ;
– le *qâdî**, juge qualifié ;
– les *'udûl*, notaires.
– Le *mujtahîd** est le juriste qui pratique l'*ijtihâd** ou méthodologie d'interprétation rationnelle du droit islamique.

Fonctions religieuses dans le chiisme

– *âyâtollâh* (« signe providentiel de Dieu »), titre honorifique qui désigne les *mojtaheds* de haut rang ;
– *hojjat ol-eslâm* (« preuves de l'islam »), titre honorifique décerné aux *mojtaheds* ;
– *marja'-e taqlîd* (« source d'imitation »), guide spirituel et précepteur religieux choisi parmi les *mojtaheds* les plus instruits ;
– *mojtahed, membre de la hiérarchie cléricale chiite habilité à délivrer des *fatwas* et à pratiquer l'*ijtihâd* ;**
– *mollâ*, religieux ou clerc chiite.

Fonctions cultuelles

L'imam* est chargé, à l'échelon local, de présider la prière et de porter la prédication. N'importe quel musulman,

> « Celui qui récite le mieux le Coran préside la prière. Si les fidèles présents s'équivalent en récitation du Coran, cette charge est dévolue au plus versé dans la sunna*. S'ils s'équivalent dans la sunna, on désigne le plus âgé. »
> (Hadîth*)

Les Savants. Huile sur panneau de Ludwig Deutsch (1901).

conscient des exigences de sa foi, est qualifié pour cette fonction. Dans la majorité des pays islamiques, les imams sont désignés à cet office par les autorités religieuses.

Une musulmane peut présider la prière d'un groupe composé exclusivement de femmes (*voir* pp. 36-37).

Le muezzin chante l'appel (*adhân*) à la prière avant chaque office.

Titres et fonctions dans le soufisme confrérique

Le cheikh (de l'arabe *shaykh*, « sage ») est le maître spirituel de la confrérie soufie* (*voir* pp. 46-47). Il est chargé d'initier les disciples (*murîd*) à la voie (*tarîqa**) mystique de la confrérie, et d'exercer la fonction de directeur spirituel (*murshid*).

Dans l'islam populaire maghrébin, les personnages vénérés parmi les ancêtres sont appelés marabouts. Leur nom est précédé de *sidi*. Le maraboutisme, ou culte de ces saints vénérés, est vigoureusement contesté par les théologiens.

Les principales fonctions religieuses de l'islam recouvrent quatre domaines : la science théologique, le droit religieux, la présidence du culte et la direction de la communauté.

Les relations interreligieuses

« Je suis un semeur d'amour, mais sur une base de justice, d'équité et de respect envers toute personne, de quelque race et de quelque religion qu'elle se réclame. »
Cette opinion du réformateur algérien Ibn Bâdîs (mort en 1940) illustre ce que devrait être l'attitude de tout croyant.

Le point de vue du Coran

La sourate* 29 contient la charte des rapports entre islam, judaïsme et christianisme : « *Ne discute avec les Gens du Livre* que de la manière la plus courtoise. – Sauf avec ceux d'entre eux qui sont injustes – Dites : "Nous croyons à ce qui est descendu vers nous à ce qui est descendu vers vous. Notre Dieu qui est votre Dieu est unique et nous lui sommes soumis"* » (sourate 29, 46).

Un verset coranique concernant les juifs et les chrétiens

Il s'agit du verset suivant : « *Tu constateras que les hommes les plus hostiles aux croyants sont les juifs et les polythéistes. Tu constateras que les hommes les plus proches des croyants par l'amitié sont ceux qui disent : "Oui, nous sommes chrétiens !" parce qu'on trouve parmi eux des prêtres et des moines qui ne s'enflent pas d'orgueil* » (sourate 5, 82).

Rencontres historiques entre chrétiens et musulmans

Les relations entre christianisme et islam sont jalonnées de heurts, d'anathèmes et de persécutions. Mais on oublie les occasions d'échanges fructueux, comme par exemple entre Muhammad et les chrétiens de Najran (tribu de la péninsule arabique), entre le patriarche Timothée Ier (m. en 823 à Bagdad) et Hârûn ar-Rashîd, entre le pape Grégoire VII et le sultan an-Nasir en 1076, entre saint François

Quelques acteurs des relations islamo-chrétiennes

- Louis Massignon (1883-1962), professeur au Collège de France, auteur d'une thèse sur Hallâj, un mystique musulman mort en 922 ;
- Louis Gardet (1904-1986), philosophe, théologien, mystique et érudit ;
- Georges Chéhate Anawati (1905-1994), philosophe et islamologue ;
- Youakim Moubarak (1924-1995), artisan du dialogue entre chrétiens et musulmans au Proche-Orient.

Cérémonie d'ouverture du concile œcuménique Vatican II à la basilique Saint-Pierre de Rome.

Organismes officiels de contacts

Le département interreligieux du Saint-Siège est fondé en 1964. Il comporte une commission pour les relations avec l'islam. Le Conseil œcuménique des Églises, situé à Genève, institue en 1969 une commission pour le dialogue, avec une section Islam.

et le sultan Ibn Ahmad en 1219 pendant la 5e croisade (1212-1221), entre le pape Jean-Paul II et 80 000 jeunes musulmans à Casablanca en 1985.

Apport décisif du concile Vatican II

L'Église catholique s'est prononcée officiellement pour le dialogue interreligieux en 1965 : « *L'Église regarde aussi avec estime les musulmans, qui adorent le Dieu un, vivant et subsistant, miséricordieux et tout-puissant, créateur du ciel et de la terre, qui a parlé aux hommes* » (concile œcuménique Vatican II, déclaration *Nostra Ætate*).

Établissement de relations bilatérales

De 1966 à 1988, le Saint-Siège établit des relations diplomatiques avec quarante-neuf États islamiques, dont l'Iran, l'Irak, le Koweït, le Pakistan et le Soudan. En 1995, plus d'une cinquantaine de pays musulmans entretiennent des relations diplomatiques avec le Saint-Siège au Vatican. De plus, deux pays musulmans, la Tunisie en 1974 et le Maroc en 1983, passent une convention avec le Saint-Siège afin de normaliser le statut des chrétiens sur leur territoire respectif.

Les relations entre judaïsme, christianisme et islam se sont améliorées depuis les années 1960, depuis qu'il existe des instances de dialogue.

Sunnisme et chiisme

L'islam est une même et unique religion. Mais l'islam n'est pas un. Il repose sur une pluralité d'expressions doctrinales et d'options juridiques.

L'affaire Rushdie

Le 15 février 1989, dans une *fatwa désormais célèbre, l'âyatollâh Ruhollâh Khomeynî (1902-1989) approuve la condamnation à mort de l'écrivain britannique Salman Rushdie, auteur des *Versets sataniques* (1989).**

L'*âyâtollâh* Khomeynî.

Les principales branches de l'islam

Au fil de son histoire, l'islam a connu des divisions internes et des dissidences. La branche majoritaire est le sunnisme. Séparé du sunnisme, le chiisme est pratiqué par les descendants des partisans d''Alî, 4e calife (*voir* pp. 8-9). Le khârijisme, dont le nom évoque la « séparation », est la conséquence des premières batailles sanglantes entre musulmans en 656-657 (la grande *fitna*), au cours d'une insurrection contre 'Alî. Les khârijites représentent de nos jours un pour cent des musulmans, établis en Algérie, en Tunisie et en Libye. L''ibâdisme, l'une de leurs sectes, survit aujourd'hui dans le Mzab (Algérie).

Les courants dans l'islam sunnite

Le sunnisme, mouvement des *ahl as-Sunna wa l-jamâ'a* (« gens de la *sunna** et du consensus »), se définit comme le courant orthodoxe de l'islam. Il regroupe les musulmans qui reconnaissent la légitimité des quatre premiers califes « bien dirigés » et adhèrent à l'une des quatre traditions juridiques : le hanafisme, le mâlikisme, le shâfi'isme et le hanbalisme (*voir* pp. 16-17).

Le chiisme

Le terme « chiisme » vient de l'arabe *shî'a**, qui signifie « groupe séparé ».

> *« Le Mahdi promis est le fils du onzième imam. Son nom est le même que celui du Prophète. Après le martyre de son père, il devint imam, et sur ordre divin entra en occultation. Dès lors, il n'apparut plus qu'à ses représentants et seulement dans des circonstances exceptionnelles. »*
> **(Allamé Sayed Mohammad Hossein Tabâtabâï, *Le Chiisme dans l'islam*, Organisation pour la propagande islamique)**

Les chiites professent que seul 'Alî est le successeur désigné de Muhammad. On peut estimer que les chiites représentent environ 15 % de la communauté musulmane totale. Ils se trouvent implantés en Iran, en Irak et au Yémen, ainsi qu'en Syrie, au Liban et en Turquie.

La doctrine de l'imamat chiite

En plus de la foi en l'unicité divine, en la prophétie de Muhammad et aux fins dernières (croyance en la résurrection et au jugement final) qu'ils partagent avec les sunnites, les chiites ajoutent la croyance en l'imamat. Les imams* se succèdent selon un processus de désignation qui les lie à la descendance directe de Muhammad. Ils se transmettent secrètement un pouvoir spirituel et temporel, et sont infaillibles au niveau doctrinal. Le dernier d'entre eux, appelé al-Mahdî, n'est pas mort, mais il a été occulté en 874 : les chiites croient que même disparu, il continue de diriger leur communauté.

Les ramifications du chiisme

On retrouve, dans le chiisme, de nombreux courants et tendances. Parmi les courants dissidents figurent le zaydisme (reconnaît les quatre premiers imams), l'ismâ'ilisme (reconnaît les six premiers imams). Quant au nusayrisme, au bâbisme, à l'ahmadisme, au yazidisme, ces mouvements intègrent des éléments en provenance d'autres traditions religieuses ; ils croient que l'imam al-Mahdî va revenir.

Les douze imams chiites

1. 'Alî Ibn Abî Tâlib (m. en 661)
2. al-Hasan, Ibn 'Alî (m. en 669)
3. al-Husayn Ibn 'Alî (m. en 680)
4. 'Alî Ibn al-Husayn (m. en 712)
5. Muhammad Ibn 'Alî (m. en 731)
6. Ja'far Ibn Muhammad (m. en 765)
7. Mûsâ Ibn Ja'far (m. en 799)
8. 'Ali Ibn Mûsâ (m. en 818)
9. Muhammad Ibn 'Alî (m. en 835)
10. 'Alî Ibn Muhammad (m. en 868)
11. al-Hasan Ibn 'Alî (m. en 874)
12. Muhammad Ibn al-Hasan (« occulté » en 874).

L'islam est divisé en deux branches principales, le sunnisme et le chiisme. Des mouvements dissidents se sont séparés de ces branches et n'ont parfois qu'un lien très ténu avec la doctrine initiale.

Le soufisme

Le soufisme représente, dans l'islam, le courant mystique issu de l'enseignement des grands maîtres spirituels. Présent dans tous les pays musulmans, le soufisme est organisé en confréries.

La progression mystique

Les degrés (*maqâmât*) de la progression spirituelle sont, dans l'ordre, le repentir, la crainte de Dieu, la tempérance, la pauvreté, la patience, la confiance absolue en Dieu, le consentement à la volonté divine.

Expériences mystiques de Muhammad

Muhammad a vécu différentes expériences mystiques :
– la réception de la révélation* coranique au cours d'une retraite spirituelle dans un lieu retiré, près de La Mecque ;
– le voyage nocturne qui l'a conduit mystérieusement de La Mecque à Jérusalem. De là, il a été élevé (*mi'râj**) jusqu'au dernier degré du ciel, où il s'est entretenu avec Dieu.

Les maîtres spirituels

Les grands maîtres spirituels vont s'inspirer de l'expérience religieuse de Muhammad. Ce sont notamment Hasan al-Basrî (m. en 728), Râbi'a (l'une des rares figures féminines du soufisme, m. en 800), Junayd (m. en 910), al-Bistâmî (m. en 857), al-Hallâj (le martyr mis au gibet en 922), Ghazâlî (m. en 1111), 'Abd al-Qâdir al-Jilânî (ou al-Jîlî, m. en 1166), Abû Madyân (m. en 1197), Ibn 'Arabî (m. en 1240), 'Attâr (m. en 1230), Rumî (fondateur des derviches tourneurs, m. en 1273), Ibn 'Atâ' Allâh (m. en 1309). Parmi les contemporains : l'émir algérien 'Abd al-Kader, auteur d'œuvres mystiques, et cheikh al-Alawî (m. en 1934).

La démarche mystique

Chaque soufi* cherche à faire de sa vie un pèlerinage intérieur. Il l'effectue sous l'accompagnement d'un guide spirituel (*murshid*), c'est-à-dire le cheikh (*shaykh**). La première tâche du cheikh est de transmettre l'influence spirituelle de Muhammad, la *baraka muhammadia* (« bénédiction muhammadienne »).

Le *dhikr*

Le *dhikr** (« évocation ») est une méthode d'oraison employée surtout par les soufis. Elle consiste à faire mention de Dieu. Les formules utilisées sont répétées en cadence : *lâ ilâha illâ Llâh !* (« Il n'y a de dieu que Dieu !), ou *Allâh !* (« Dieu »). Le *dhikr* peut se pratiquer seul ou en assemblée. La danse (*samâ'*) des derviches tourneurs de la confrérie *mawlawiya* symbolise la rotation des planètes autour du soleil.

Le *tasawwuf*

Soufisme se dit *tasawwuf en arabe, expression qui vient probablement du *sûf* (« laine »), en référence à l'habit de laine porté par les mystiques (soufis).**

Les confréries

Les fondateurs ont créé des lieux de retraite et d'étude, appelés *sâwiya* au Maghreb, ainsi que des confréries (des traditions spirituelles, *turuq**, *tarîqa** au singulier). Il existe actuellement environ cinquante *turuq*, réparties à travers le monde. Les plus connues sont la *alawiya*, la *bektâshiya*, la *darkâwiya*, la *jazûliya*, la *mawlawiya*, dont les membres sont appelés les derviches tourneurs, la *mûridiya* (mourides), la *naqshbandiya*, la *qâdiriya*, la *rahmâniya*, la *rifâ'iya*, la *sanûsiya*, la *shâdhiliya*, la *shakhiya* et la *tijâniya*. Toutes relèvent du soufisme et sont réparties au Proche-Orient, au Moyen-Orient et en Afrique.

Rencontre de la confrérie religieuse des derviches tourneurs à Istanbul, en Turquie.

Le soufisme est une Voie d'initiation à la perfection morale et spirituelle dont l'itinéraire a été inauguré par Muhammad et les fondateurs des grandes traditions mystiques.

Les expressions culturelles de l'islam

La religion musulmane a traduit sa foi et son savoir-faire dans de multiples formes d'expressions culturelles, y compris dans l'art religieux.

« Gardez-vous de représenter le Seigneur ou la créature ; ne peignez que les arbres, les fleurs, les objets inanimés, car au Jour du jugement, les êtres représentés viendront réclamer une âme à l'artiste, qui, impuissant à la satisfaire, subira les tourments du feu éternel. »
(*Hadîth*)

L'arabe, langue rituelle

Aujourd'hui, plus de 180 millions de personnes dans le monde parlent l'arabe. Langue sacrée du Coran, l'arabe est la langue de la transmission de l'islam. Tous les musulmans sont tôt ou tard tenus de se référer à la langue arabe pour étudier le Coran et le Hadîth*. L'arabe est la langue du culte, mais aussi de la théologie islamique ainsi que du droit religieux et de la littérature profane.

« [...] *différents peuples musulmans non arabes ont utilisé la calligraphie et le style arabes à travers l'impression du Livre saint, mais aussi sur des tableaux artistiques et des inscriptions commémoratives de grande valeur comme c'est le cas dans les pays de l'Asie musulmane.* »
(Athmane Izouine, *El Moudjahid*, quotidien algérien, 15 février 1994)

Chants religieux et cantilation du Coran

L'islam a créé quatre formes de chants religieux qui lui sont propres :
– le chant de l'appel à la prière ;
– la cantilation (ou psalmodie) du Coran ;
– les hymnes chantés à l'occasion des fêtes religieuses ;
– les chants religieux des confréries mystiques (*voir* pp. 46-47).

La cantilation du Coran est l'art le plus répandu : cette lecture psalmodique s'appelle *tilâwa* (« récitation »). Ses règles figurent dans des traités de psalmodie (*tajwîd*). Le choix des tons, des rythmes, des pauses, des nasalisations, des nuances mélodiques, des prononciations des voyelles et des consonnes concourt à embellir de mille manières la lecture du Livre sacré. Il existe des manuels de psalmodie annotés.

La calligraphie

L'écriture du Coran doit être calligraphiée. Cet art, le *khatt*, est une activité quasiment religieuse, réalisée avec un *qalam* (une plume de roseau). C'est Ibn Muqla (885-940), dignitaire abbasside, qui a défini six styles de *khatt*. Les plus anciens corans enluminés, peut-être à Bassora ou à Kûfa en Irak, étaient écrits sur de longs rouleaux de vélin. Les plus beaux corans sont ceux de la Bibliothèque royale du Caire, en Égypte. On y trouve en particulier un coran daté de 713 et un autre en style coufique (l'un des styles de la calligraphie) de 725. L'art décoratif islamique a développé toutes sortes de procédés d'embellissement à base de calligraphies.

« Au nom de Dieu » en calligraphies.

L'architecture

L'architecture islamique concerne en premier lieu la façon de construire des édifices religieux. Les arts ottoman, persan, maghrébin, africain ont, chacun à leur manière, apporté des formes nouvelles, des profils nouveaux aux éléments de la structure permanente de la mosquée : la salle des ablutions*, la salle de prière et le minaret.

La science

La nécessité de déterminer de manière précise l'heure de la prière, le jour des fêtes, l'orientation de la *qibla** a amené les musulmans à se spécialiser dans les sciences astronomiques et géographiques. L'islam a aussi été à la charnière de la diffusion des sciences mathématiques et de la médecine. Enfin, de nombreux savants ont traduit et transmis à l'Occident la pensée des grands philosophes de l'Antiquité comme Aristote.

La civilisation islamique s'exprime à travers une langue, l'arabe, et un art religieux qui lui est propre : la psalmodie, la calligraphie et l'architecture.

Le réveil de l'islam

Pour les réformistes, l'islam ne pouvait relever les défis de l'ère moderne qu'à deux conditions : repenser l'islam originel pour le revivre aujourd'hui, et revenir à la tradition des anciens (*salaf*).

Les pionniers du réformisme

Inauguré par l'Iranien chiite al-Afghânî (m. en 1897), puis par des sunnites comme l'Égyptien Muhammad 'Abduh (m. en 1905), le Syrien Rashîd Ridâ (m. en 1935), l'Indien Muhammad Iqbâl (m. en 1938), l'Algérien Ibn Bâdis (m. en 1940), le réformisme islamique connaît son véritable essor au début du XXe siècle.

> « [...] *aussi le mouvement de la lutte musulmane est-il une guerre défensive : défense de l'homme contre tous ceux qui aliènent sa liberté et bloquent sa libération, jusqu'à ce que soit instauré sur le genre humain le royaume de la Loi sacrée* (sharî'a). »
> (Sayyid Qutb, *Ma'âlim fi l-tarîq*, Gallimard/Julliard)

Les défis des années 1960-1980 et la mobilisation

Dès 1960, l'islam va devoir relever plusieurs défis. Il s'agit surtout des crises politiques et sociales consécutives à la décolonisation, à l'exode rural à l'intérieur des pays islamiques, aux flux migratoires vers les pays européens, au développement de la sécularisation, à l'augmentation des espaces où musulmans et non-musulmans doivent cohabiter. La mobilisation des musulmans, amorcée dès le début du XXe siècle, se traduira par :
– le retour aux pratiques islamiques,
– la multiplication des mouvements d'appel à l'islam,
– la création d'organisations islamiques internationales,
– les campagnes de défense de l'identité islamique, dont l'affaire Rushdie (*voir* pp. 44-45) et les débats suscités par le port du voile islamique se sont faits l'écho.

Un cadre idéologique pour le réveil de l'islam

Nés au début du siècle, quatre penseurs musulmans s'engagent, entre les années 1920 et les années 1970, dans la militance religieuse. Ces derniers sont l'âyatollâh Ruhollâh Khomeynî (1902-1989), Hassan al-Bannâ (1906-1949), le fondateur des Frères musulmans, Sayydi Qutb (1906-1966), le maître à penser des Frères musulmans radicaux, Sayyid Abû al-A'lâ Mawdûdî (1903-1979), auteur de nombreux écrits de théologie politique. Leurs écrits, imprégnés de dogmatisme* théologique, contribuent à fournir un cadre idéologique aux partisans du réveil de l'islam.

Prédicateurs sur cassettes

Les discours de plusieurs prédicateurs célèbres sont diffusés sur cassettes à travers tous les continents. Les prédicateurs les plus populaires sont : cheikh Metwalî as-Sha'râwî ; cheikh 'Abd al-Hamid Kishk ; 'Ali Ben Hâj.

Idéologie révolutionnaire

À la fin des années 1980 apparaissent, dans la plupart des pays islamiques, différents mouvements révolutionnaires. Placés à leur tête, des émirs conduisent d'incessantes opérations de déstabilisation des États et des régimes. Ils invitent au *jihâd**, et cherchent à introduire partout l'application de la *sharî'a**. Ils se réclament du « mouvement islamique » (*harakat islâmiya*) et se constituent en cellules d'action islamique (*jamâ'â* islâmiya*). L'émergence des réseaux d'al-Qâ'ida, les attentats du 11 septembre 2001 et du 11 mars 2004 marquent un tournant dans le recours aux actes terroristes.

Trois courants animent l'islam militant contemporain : le courant moderniste, favorable à la modernisation du code islamique, le dogmatisme théologique, opposé à cette même modernisation, et l'idéologie révolutionnaire, décidée à mener la guerre contre l'impiété.

Contre-offensive des milieux laïcs et intellectuels

Que ce soit dans les pays islamiques ou en Europe, des intellectuels tentent de réagir contre le radicalisme doctrinaire. Des penseurs comme Muhammad Arkoun, 'Ali'abd ar-Râziq, Fouad Zakaria, Sa'îd al-'Ashmâwî, 'Ali Shari'atî militent en faveur d'une modernisation franche de l'islam.

Panorama international

On peut, sans trop d'erreurs, évaluer à 22 % le nombre de musulmans de langue arabe, soit environ un croyant sur cinq. À noter que la majorité des musulmans vivent en Asie. On en compte autant en Inde et au Pakistan que dans l'ensemble des pays arabes.

Principales appartenances religieuses

Fin 2003, pour une population mondiale estimée à 6,288 milliards d'habitants, il y a :

- 2 069 883 000 chrétiens (dont 1 092 853 000 catholiques ; 364 530 000 protestants ; 217 030 000 orthodoxes ; 79 988 000 anglicans)
- 1 254 222 000 musulmans
- 837 262 000 hindouistes
- 372 974 000 bouddhistes
- 14 551 000 juifs
- 784 269 000 personnes sans appartenance religieuse
- 148 660 000 athées

Ce qui représente en pourcentage :

- 32,9 % de chrétiens
- 19,9 % de musulmans
- 13,3 % d'hindouistes
- 5,9 % de bouddhistes
- 0,2 % de juifs
- 12,5 % de personnes sans appartenance religieuse
- 2,4 % d'athées

Implantation de la communauté chiite

Les chiites sont implantés en Afghanistan, en Arabie Saoudite, à Bahreïn, en Inde, en Iran, en Irak, au Koweït, au Liban, au Pakistan, à Qatar, en Syrie, en Turquie, dans les pays de l'ex-URSS, au Yémen.

L'Iran, une mosaïque

Appartenances confessionnelles en Iran : musulmans 98,3 % (chiites 90,5 %, sunnites 7,8 %), bahâ'îs (groupe religieux séparé du bâbisme, *voir* pp. 44-45) 0,8 %, chrétiens 0,7 %, zoroastriens (religion de Mésopotamie antérieure à l'islam) 0,1 %, juifs 0,1 %.

Origine culturelle des chiites d'Iran : la moitié des chiites d'Iran parlent persan ; l'autre moitié est constituée d'arabophones, de turcophones, ou de chiites de langue kurde (20 % des Kurdes iraniens sont de confession chiite, 80 % sont sunnites).

Les 8 pays où réside la majorité des musulmans

(Les chiffres donnés sont en millions)

- **Indonésie : 185,060**
- **Pakistan : 138,960**
- **Inde : 123,170**
- **Bangladesh : 112,660**
- **Turquie : 64,360**
- **Iran : 60,640**
- **Égypte : 58,060**
- **Nigeria : 55,600**

Nous observons qu'à eux seuls ces 8 pays regroupent 798,51 millions de musulmans, soit 66,22 % de l'ensemble des musulmans.

La communauté musulmane de France

La France est le pays européen qui accueille le plus fort pourcentage et le plus grand nombre de musulmans (7,1 % de la population totale, environ 4 millions de fidèles). Deux musulmans sur cinq habitent l'Île-de-France, les autres étant répartis dans les Bouches-du-Rhône, le Pas-de-Calais et l'est de la France. La communauté musulmane de France comprend à parts relativement égales :

– environ 2 millions de nationaux français, dont 500 000 à 700 000 Français musulmans rapatriés d'Algérie ;

– environ 2 millions d'étrangers, dont 614 207 Algériens, 572 652 Marocains, 206 336 Tunisiens et 197 712 Turcs.

En 2003 a été institué le Conseil français du culte musulman (CFCM). Il est l'instance représentative du culte islamique. Chaque région est représentée par un conseil régional (CRCM).

La communauté musulmane mondiale est composée de plus d'un milliard de fidèles. 22 % d'entre eux sont de langue arabe.

Glossaire

Glossaire des termes arabes

Transcription
th = « th » anglais dans « thing »
kh = « j » espagnole dans « hijo », ou « ch » allemand dans « nach »
dh = entre le « d » et le « z », comme dans le « th » anglais de « that »
sh = « ch » français, ou « sh » anglais
gh = « r » français dans « Paris »
w = « ou »
u = « ou »

Principaux termes arabes
'âlim (pl. *'ulamâ'* ; forme francisée : oulémas) : doctes de l'islam, savants
âyat (pl. *âyât*) : signe divin ; verset du Coran
dâr : maison, demeure
dhikr : invocation, rappel
dîn : religion, pratiques cultuelles et normes religieuses
du'a (pl. *ad'iya*) : invocation, appel
faqîh (pl. *fuqahâ'*) : jurisconsultes
fard : obligatoire en vertu d'une prescription divine révélée
fâtiha : ouverture ; première sourate du Coran
fatwa : réponse, avis donné par un muftî consulté sur une question juridique ou théologique
fiqh : jurisprudence ; droit canonique
fitr : rupture du jeûne
ghusl : grande ablution
hadîth : récit, tradition relatant des propos, des actes, des approbations ou des désapprobations attribués à Muhammad
hajj : pèlerinage à La Mecque
halâl : licite, permis
harâm : illicite, prohibé
hijra (forme francisée : hégire) : émigration à Médine en 622
'îd (forme francisée : aïd) : fête
ihsân : recherche de la perfection dans le comportement
ijmâ' : consensus, avis unanime
ijtihâd : effort personnel d'interprétation de la loi religieuse
'ibn : science, savoir
imam : celui qui se tient devant ; officiant
imân : foi, croyance
islâm : abandon confiant à Dieu ; l'islam
jamâ'a : groupe, cellule, collectif
jâmi' : mosquée principale
jihâd : lutte, effort sur soi ; lutte contre l'oppresseur
Ka'ba : temple sacré de La Mecque
kâfir : personne qui dissimule ou rejette ses convictions religieuses
kalâm : discours ; parole ; l'apologétique islamique (défense de l'islam)
khalîfa : vicaire, représentant (forme francisée : calife)
kitâb : livre, écriture
madhhab : rite, tradition juridique dans le sunnisme
masjîd : lieu où l'on se prosterne, salle de prière, oratoire, mosquée
mawlid : nativité (forme francisée : mouloud)
mihrâb : niche murale indiquant, en avant de la mosquée, la direction de La Mecque (*qibla*)
minbar : chaire du prédicateur
mi'râj : voyage céleste de Muhammad à Jérusalem
mu'adhdhin (forme francisée : muezzin) : personne chargée de l'appel à la prière (*adhân*)
muftî : docte qualifié de l'islam, chargé de donner des fatwas
mujathhid : docte de l'islam, spécialiste du droit religieux, qualifié pour donner un avis sur la loi et l'interpréter (*mojtahed* en persan)
nabî : envoyé de Dieu, prophète

qâdî : juge
qibla : direction de La Mecque, et plus particulièrement de la Ka'ba
qijâs : jugement par analogie
Qur'ân : récitation, proclamation de la Parole de Dieu ; Coran
rak'a (pl. *rak'ât*) : cycle de postures corporelles dans le rite de la prière
ramadhân (forme francisée : ramadan) : neuvième mois lunaire
rasûl : envoyé-messager, détenteur d'une révélation
sadaga : aide, aumône spontanée
sahwa islâmiya : réveil de l'islam
salâm : paix, salut
salât : prière, office religieux, rite canonique de la prière
shahâda : confession de foi
sharî'ia : la loi divine
shaykh (forme francisée : cheikh) : maître, sage
shî'a (forme francisée : chi'isme ou chiisme) : parti, secte
shirk : le fait d'associer une divinité à Dieu ; polythéisme
shûra : règle de la consultation dans l'exercice du gouvernement
sunna : voie, règle de conduite, norme, code
tarîqa : (pl. *turuq*) : voie, itinéraire spirituel, confrérie soufie
tasawwuf : soufisme
umma : communauté, nation
ûsul al-fiqh : méthodologie de la jurisprudence islamique
wudû' : petite ablution
zakât : aumône légale

Formules
– Dialogue de salutation : *as-salâm'alaykum !* (« la paix soit sur vous ! ») ; réponse : *wa 'alaykum as-salâm* (« et sur vous soit la paix »).
– Lorsqu'on formule le souhait d'accomplir un acte licite, on ajoute : *in shâ'a Llâh* : (« si Dieu veut »).
– Avant d'accomplir un acte licite : *bi-smi Llâh !* (« au nom de Dieu ! »).
– Après avoir accompli un acte licite : *al-hamdu Li-Lâh !* (« louange à Dieu ! »).

Glossaire des termes français

Ablution : lavage du corps ou d'une partie du corps en vue d'une purification rituelle.
Apostasie : abjuration, abandon, reniement de la foi.
Canonique : conforme aux normes d'un code religieux ; en rapport avec une loi religieuse.
Dogmatisme : tendance qui consiste, en théologie, à se référer essentiellement à la doctrine.
Exégèse : science du commentaire d'un texte sacré.
Gens du Livre : juifs, chrétiens et sabéens (un peuple d'Arabie).
Légalisme : tendance à accentuer la valeur des normes religieuses.
Observances : prescriptions religieuses définies par un rituel* ou un code.
Propitiatoire : qui a pour but de rendre Dieu propice, favorable, miséricordieux.
Révélation : ensemble de vérités, paroles ou messages divins transmis de façon surnaturelle.
Rite, rituel : pratique religieuse convenue, définie par des règles de culte.
Soufi : adepte du soufisme, personne initiée à la mystique musulmane.
Sourate : l'une des 114 parties ou unités textuelles du Coran.
Surérogatoire : se dit de pratiques religieuses recommandées, mais non obligatoires.

Chronologie

570 : naissance de Muhammad
610 : début de la révélation du Coran
622 : émigration de Muhammad et de ses compagnon à Médine ; début de l'ère islamique
623 : promulgation de la Constitution islamique de Médine
630 : entrée pacifique des émigrés musulmans à La Mecque
632 : mort de Muhammad (8 juin)
632-634 : califat d'Abû Bakr
634-644 : califat d'Umar Ibn al-Khattâb
636 : les Byzantins abandonnent la Syrie
638 : prise de Jérusalem
639-646 : campagnes d'Égypte
642 : les Arabes sont maîtres de la Mésopotamie, de la Perse occidentale et centrale
644-656 : califat de 'Uthmân Ibn al-'Affân ; établissement du texte officiel du Coran
651 : occupation de la Perse occidentale
656-661 : califat de 'Alî Ibn Abî Tâlib
657 : à la suite de la bataille de Siffîn, scission de l'islam en trois branches : sunnite, chiite et khârijite
661-750 : dynastie des Omeyyades ; Damas, capitale de l'empire islamique
679 : prise de Carthage
710 : les musulmans parviennent au delta de l'Indus (Inde)
711 : prise de Cordoue
721 : prise de Narbonne
732 : défaite du gouverneur d'al-Andalus à Poitiers
750-1258 : dynastie 'abbâsside ; Bagdad, capitale de l'empire islamique
756-1031 : califat omeyyade de Cordoue en Andalousie
765 : à la mort de l'imam Ja'far as-Sâdiq, le chiisme se divise en trois branches : l'ismâ'ilisme, le zaydisme et l'imamisme
767-855 : période de codification des quatre rites sunnites
870-915 : période de codification des six recueils officiels du Hadîth
874 : occultation du douzième imam chiite, appelé al-Mahdî
923 : mort de l'historien et exégète Tabarî
950 : codification de sept systèmes de lecture du Coran
968-1171 : califat fâtimide en Afrique du Nord (l'une des dynasties de califes)
1037 : mort d'Ibn Sînâ (Avicenne), médecin encyclopédiste
1055-1258 : dynasties des Almoravides, puis des Almohades au Maghreb et en Andalousie
1096-1291 : croisades
1102-1103 : conversion du royaume du Ghâna (Afrique) à l'islam
1111 : mort du théologien al-Ghazâlî
1187 : Saladin reprend Jérusalem
1198 : mort du philosophe Ibn Rushd (Averroès)
1240 : mort du mystique Inb'Arabî
1250-1517 : dynastie des Mamelouks en Égypte et en Syrie
1258 : prise de Bagdad par les Mongols ; chute du califat 'abbâsside
1260 : victoire des Mamelouks sur les Mongols en Palestine
1269 : La Mecque est placée sous le contrôle des Mamelouks d'Égypte
1301 : fondation de l'Empire ottoman par Osman Ier
1328 : mort d'Ibn Taymiya, penseur du hanbalisme
1453 : prise de Constantinople par les Ottomans
1492 : chute de Grenade ; fin du premier royaume musulman d'Espagne
1512-1774 : hégémonie ottomane
1517 : les Turc ottomans investissent La Mecque
1526 : premier siège de Vienne par les Ottomans
1556-1707 : apogée de l'empire mongol en Inde

1609 : expulsion des derniers musulmans d'Espagne
1774-1920 : démembrement de l'Empire ottoman
1792 : mort du théologien 'Abd al-Wahhâb
1803-1805 : La Mecque et Médine sont prises par les wahhabites (membres du mouvement puritain fondé par le théologien 'Abd al-Wahhâb)
1897 : mort du réformateur al-Afghânî
1923 : fin de l'Empire ottoman
1924 : édition de la version dite « du roi Fu'ad » du Coran
1924 : abolition du califat par le Parlement turc
1925 : prise de La Mecque et de Médine par Ibn Sa'ûd
1926 : fondation en Inde du mouvement de prédicateurs tu Tablîgh (mouvement d'appel à l'islam)
1928 : fondation du mouvement des Frères musulmans
1932 : fondation du royaume d'Arabie Saoudite (capitale : Ryâd)
1948 : première guerre israélo-arabe
1966 : exécution de Sayyid Qutb, penseur des Frères musulmans (Égypte)
1969 : premier sommet islamique à Rabat (Maroc)
1979 : – attaque de la grande mosquée de La Mecque par un groupe armé ;
– proclamation de la République islamique d'Iran
âyatollâh Khomeynî, dans une fatwa, demande aux musulmans d'exécuter Salman Rushdie (14 février)
1990 : les troupes irakiennes envahissent le Koweït (2 août 1990)
1991 : début de la conférence de paix, le 30 octobre, à Madrid, entre Israël, la Jordanie, la Syrie, le Liban et les Palestiniens.
1992 : instauration de l'état d'urgence en Algérie (9 février)
2001 : attentats du 11 septembre aux États-Unis

Petite chronologie de l'islam en France au XXe siècle

• 150 000 musulmans sont morts à Verdun, à Douaumont, au Chemin des Dames au cours des combats de la guerre de 1914-1918.

• Institutions islamiques : inauguration de la mosquée de Paris (15 juillet 1926) ; inauguration de la mosquée de Lyon (30 septembre 1994) ; présentation officielle de la Charte du culte musulmans en France par le Conseil représentatif des musulmans de France (CRMF) le 10 janvier 1995.

• Recteurs de l'institut musulman de la mosquée de Paris : Si Kaddour Ben Ghabrit (1926-1957), Si Hamza Boubakeur (1957-1982), cheikh Abbas Bencheikh el-Hocine (1983-1989) ; le Dr. Tedjini Haddam (1989-1992), le Dr. Dalil Boubakeur (1992) se succèdent.

• Création des fédérations islamiques : Association des étudiants islamiques de France (AEIF, 1963) ; Union des organisations islamiques en France (UOIF, 1983) ; Fédération nationale des musulmans de France (FNMF, 1985) ; Union des jeunes musulmans (UJM, 1987).

• Création d'instances de coordination des musulmans : Conseil de réflexion sur l'islam en France (CORIF, 6 mars 1990) ; Conseil consultatif des musulmans de France (CCMF, 19 novembre 1993).

• Affaire du voile islamique : exclusion à Creil de trois jeunes filles musulmanes voilées (septembre 1989).

• Création du Conseil français du Culte musulman (CFCM, 2003).

• Loi sur le port des signes religieux à l'école (2004).

Bibliographie

Encyclopédies et dictionnaires

Encyclopédie de l'islam (nouvelle édition), Brill, Maisonneuve et Larose, 1960-1995.
GLASSÉ (Cyril), *L'Islam*, Bordas, 1991, 444 p.
KHOURY (Adel Theodor) *et al.*, *Dictionnaire de l'islam*, 1995, 364 p.

Généralités sur la religion musulmane

ARKOUN (Muhammad), *Ouvertures sur l'islam*, Grancher, 1989, 189 p. (« Ouverture »)
FAHD (Toufic), « L'islam et les sectes islamiques », *in Histoire des religions*, tome 3, Gallimard, 1976, pp. 3-79.
MANTRAN (Robert) *et al.*, *Les Grandes Dates de l'islam*, Larousse, 1990, 287 p.

Sources scripturaires et juridiques

BLACHÈRE (Régis), *Introduction au Coran*, Maisonneuve et Larose, 1959, 1991 (2e éd.), 330 p. ; *Le Coran*, PUF, 1966, 127 p.
El-Bokhârî. L'authentique tradition musulmane. Choix de hadîths, traduits de l'arabe et présentés par G.H. Bousquet, Sindbad, 1964, 291 p.
GILLIOT (Claude), *L'Exégèse coranique de Tabari*, Vrin, 1990, 320 p.
« L'exégèse du Coran », *in Encyclopædia Universalis*, 1990, tome 6, pp. 543-548.
SCHACHT (Joseph), *Introduction au droit musulman*, Maisonneuve et Larose, 1983, 252 p.

Les pratiques cultuelles

FAHD (Toufic), « Les pratiques musulmanes », *in Encyclopédie des Religions, Encyclopædia Universalis*, Paris, 1991, pp. 553-562.

Les institutions

ASHA (Ghassan), « Le Statut de la femme en islam », *in Encyclopédie des Religions, Encyclopædia Universalis*, 1991, pp. 657-661.
GARDET (Louis), *L'Islam, religion et communauté*, Desclée de Brouwer, 1970, 496 p.

Les modes du croire islamique

ARKOUN (Mohammed), *La Pensée arabe*, PUF, 1975, 127 p.
BOUBAKEUR (cheikh Si Hamza), *Traité moderne de théologie islamique*, Maisonneuve et Larose, 1985, 485 p.
BURGAT (François), *L'Islamisme en face*, coll. « Islam et société », La Découverte, 1995, 264 p.
CORBIN (Henri), *Histoire de la philosophie islamique*, Gallimard, 1986, 546 p. ; *L'Islamisme*, La Découverte, 1994.
KEPEL (Gilles), *Les Banlieues de l'islam*, Seuil, 1987, 423 p.
LAOUST (Henri), *Comment définir le sunnisme et le chiisme*, Geuthner, 1985, 44 p.
MAZENOD (Lucien), *L'Islam et l'art musulman*, Lucien Mazenod, 1976, 611 p.
RICHARD (Yann), *L'Islam chiite*, Fayard, 1991, 303 p.
VITRAY-MEYEROVITCH (Eva de), *Anthologie du soufisme*, Albin Michel, 1995, 363 p.
GEOFFROY (Éric), *Initiation au soufisme*, Fayard, 2003.

Ouvrages édités et diffusés par les librairie islamiques

CHARAF (cheikh Sadek Mohammed), *Les Cinq Piliers de l'islam*, al-Imen, 1992, 351 p.

Al-Qaradhawi (Youssef), *Le Licite et l'illicite en islam*, al-Qalam, 1992, 363 p.
Hamidullah (Muhammad), *Le Prophète de l'islam, sa vie, son œuvre*, 2 tomes, Association des étudiants islamiques, 1979.

Pour une bibliographie plus détaillée, se reporter à :
Encyclopédie des Religions, *Encyclopædia Universalis*, 1991, pp. 682-684.

Filmographie

La représentation cinématographique des personnages de la religion musulmane souffre de nombreux interdits. L'islam s'oppose à la figuration du Prophète, de toute sa famille et au moins des quatre premiers califes.

Films produits par les pays arabes :

Débuts de l'islam
L'Aube de l'islam, de Salah Abou Seif (Égypte), 1971.
Bilal, le muezzin du Prophète, d'Ahmad Eltokhi (Égypte), 1953.
La Conquête de l'Égypte, de Fouad El-Gazaerli (Égypte), 1948.
L'Exil du Prophète, d'Ibrahim Omara (Égypte), 1964.
Khalid ibn Walid, de Hussein Sudkhi (Égypte), 1958.
Le Message, de Mustapha Akkad (Syrie, États-Unis), 1976.
Al-Qadissiya, de Salah Abou Seif (Irak), 1981.
La Révélation de l'islam, d'Ibrahim Izzedine (Égypte), 1951.
El-Shima, sœur du Prophète, de Hussam-Eldine Mustapha (Égypte), 1972.
La Victoire de l'islam, d'Ahamad Eltokhi (Égypte), 1952.

Croisades
Wa Islamah, Andrex Marton (Égypte), 1961.
Saladin, d'Ibrahim Lama (Égypte), 1941.
Saladin, de Youssef Chahine (Égypte), 1963.

Biographies de personnages
El-Seïd El-Badawi, de Baheaddine Sharaf (Égypte), 1953.
Rabaala bédouine, de Niazi Mustapha (Égypte), 1963.

Films qui mettent en scène des personnages religieux, dans le but plus ou moins explicite de dénoncer le fanatisme ou l'obscurantisme
El Badron, d'Atif El-Taïb (Égypte), 1986.
Fils et Assassins, d'Atif El-Taïb (Égypte), 1987.
Étrangers, de Saad Arafa (Égypte), 1973.
L'Amour avant le pain parfois, de Saad Arafa (Égypte), 1972
La Terre, de Youssef Chahin (Égypte), 1968.

Films sur la coexistence entre chrétiens et musulmans
Beyrouth, la rencontre, de Borhane Alaouie (Liban), 1982.
Une dernière histoire d'amour, de Raafat El-Mehi (Égypte), 1985.

Documents audiovisuels

Les documents audiovisuels cités ici sont disponibles soit dans les centres de documentation, soit dans les librairies islamiques.

Vidéocassettes

La Calligraphie arabe, CRDP, Strasbourg, 1993, 13 min.
France, terre d'islam, Bernard Godard et Driss El Yazami, Paris, Orovep, 1984, 26 min.
Ô toi, le Très-Miséricordieux. La prière au cœur de l'islam, Jacques Oger, Thabor films, 1994, 54 min.
Voyage à La Mecque, Saïd Bakhtaoui et Vincent Daudey (Arte, 1995).

Cassettes audio

Comment accomplir la prière, Menebhi, Paris.
Comment accomplir le pèlerinage, Menebhi, Paris.
Al-Hadîth an nabawy arabe-français, Fédération nationale des musulmans de France, Bobigny (choix de *hadîths* en arabe avec traduction française ; une dizaine de cassettes éditées).
Khutba al-jum'a. Prière du vendredi, de Cheikh 'Abd al-Hamîd Kishk, Menebhi, Paris (plus de 400 sermons enregistrés et édités).
Al-Qur'ân-al-Karîm, psalmodié par 'Abd al-Bâsir Muhammad 'abd as-Samad (psalmodie du Coran, 21 cassettes).
Le Saint Coran arabe-français, éditions Intégrité, Bobigny (psalmodie du Coran en arabe et en français).

Diapositives avec livret d'accompagnement

Architecture religieuse en terre d'islam, Marthe Bernus-Taylor, Paris, Diathèque Art, 1990.
Les Arts arabo-islamiques, Paris, Diapofilm.
La Civilisation islamique, Paris, Diathèque Sciences humaines.
La civilisation musulmane, Documentation française.
La Religion islamique et ses pratiques, Claudine Lanoir, Paris, Diapofilm
La Mosquée, José-Marie Bel, Paris, Diapofilm.

Disques compacts

Chant des derviches de Turquie : Le Zikr, Arion (chants confréries soufies).
Cheikh Abdelbasset Abdelsamad : Le Saint Coran, Artistes arabes associés (psalmodie du Coran en arabe).
Al Hadra-Insad : Sufi Music, Arion (psalmodie et chants sacrée de l'ordre soufi de la Tarîqa as-Shaziliya).
Musiques de l'islam d'Asie : Pakistan, Inde, Malaisie, Indonésie, Maison des cultures du monde, enr. 1986-1990 (chants des confréries soufies).
Nusrat Fateh Ali Khan en concert à Paris, Ocora, 5 vol. enr. 1988 (chants des confréries soufies).
Rituel islamique, Zikr à Alep, UNESCO (chants des confréries soufies).

Index

Le numéro de renvoi correspond à la double page.

Citations coraniques
(numéro de la sourate, du verset, et indication de la page dans cet ouvrage):

Citations de *hadîths* (pages) :

Population de confession musulmane

L'Afrique est le continent qui compte la plus forte proportion de musulmans (40,5 %).

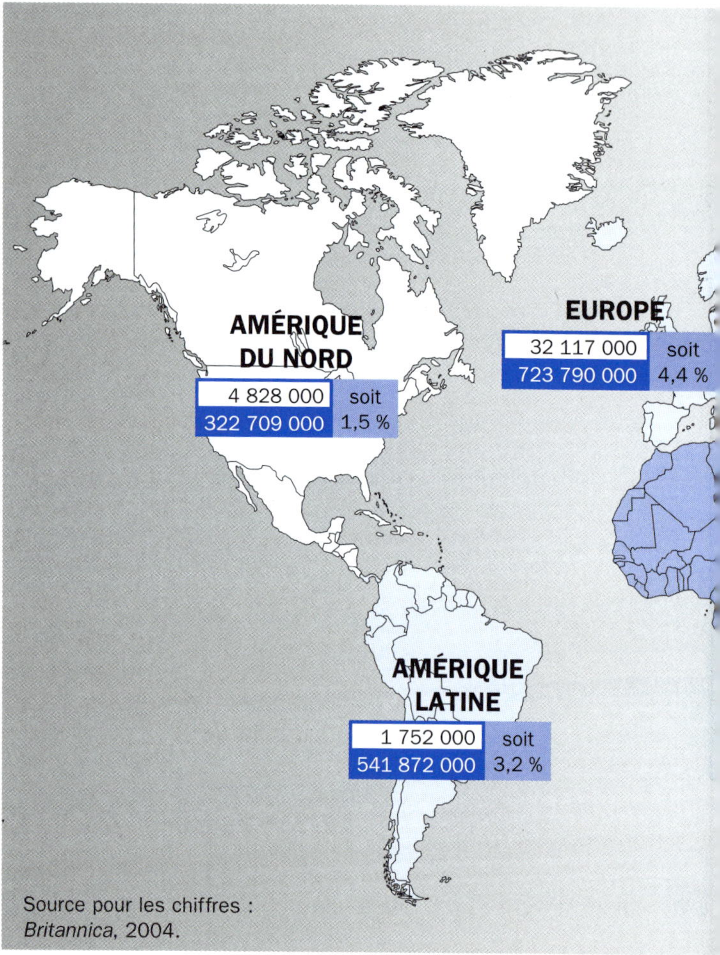

Source pour les chiffres : *Britannica*, 2004.

par continent

L'Asie est le continent qui compte la plus importante communauté musulmane, mais celle-ci n'est pas majoritaire (22,7 %).

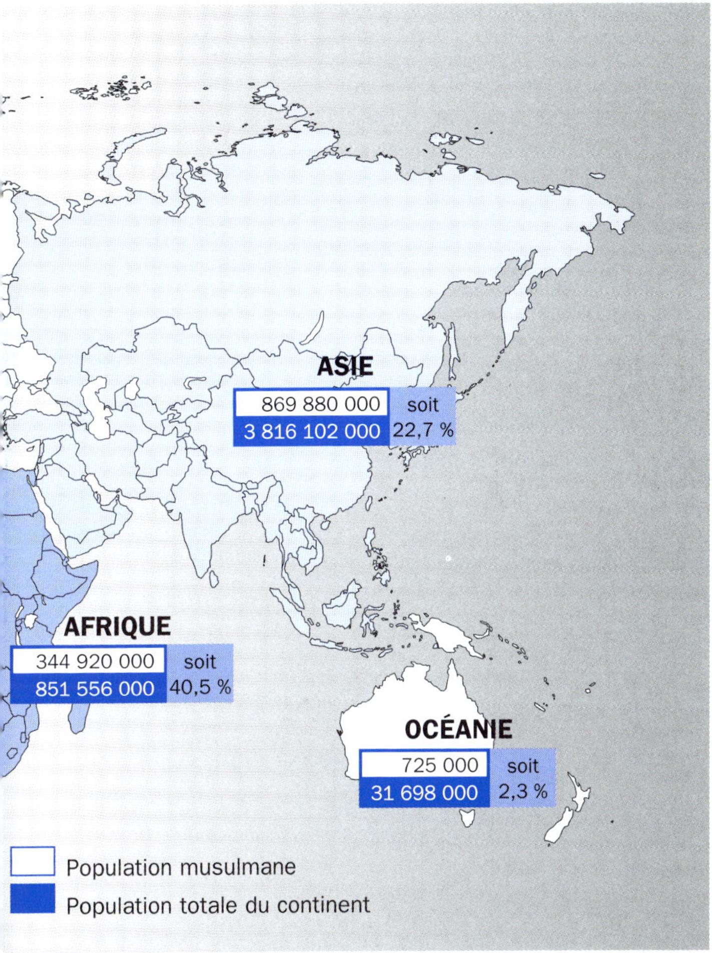

Responsable éditorial
Bernard Garaude
Directeur de collection
Dominique Auzel
Suivi éditorial
Cécile Clerc
Correction-Révision
Élisée Georgev
Iconographie
Sandrine Batlle
Maquette
Anne Heym
Couverture
Bruno Douin
Fabrication
Isabelle Gaudon / Magali Martin

Crédit photos

pages 3, 18, 20, 35 : © R. Clavaud – Milan Presse / p. 7 : © Bridgeman-Giraudon / p. 9 : cartographie – ©Éditions Milan / p. 11 : © Leemage p. 12 : © Hulton-Deutsch Coll. – Corbis p. 23 : © Philippe Caron – Corbis Sygma p. 26 : © Brooklyn Museum of Art, New York, USA - © Bridgeman-Giraudon p. 27 : cartographie – © Éditions Milan p. 28 : © G. Blot – J. Schormans – RMN p. 29 : Infographie – © Éditions Milan p. 30 : © Bridgeman-Giraudon p. 33 : © Guildhall Art Gallery, Corporation of London, UK, Bridgeman Giraudon p. 37 : © D. Chauvet – Milan Presse p. 38 : © D. Chauvet – Milan Presse p. 41 : D.R. / p. 43 : © Rue des Archives - CV / p. 44 : © Roger-Viollet p. 47 : © Antoine Gyori – Corbis Sygma p. 49 : infographie – © Éditions Milan pp. 62-63 : cartographie – © Éd. Milan

Les erreurs ou omissions involontaires qui auraient pu subsister dans cet ouvrage malgré les soins et les contrôles de l'équipe de rédaction ne sauraient engager la responsabilité de l'éditeur.

300, rue Léon-Joulin,
31101 Toulouse Cedex 9 France

ISBN : 2-7459-1462-6
D. L. : 2e trimestre 2005
Aubin Imprimeur, 86240 Ligugé
Imprimé en France